تمت ترجمة هذا الكتاب ضمن
مبادرة
ترجم
Tarjim Initiative

Livre : La douceur du café réside dans son amertume

Auteur : Abdallah Al Maghlouth

Catégorie : Intellectuel

Éditeur : Madarek Publishing House

Première édition : Septmber 2023

ISBN : 978-614-429-642-4

Traduit par : Sara Hussein

8470 Othman Bin Affan St, Al Taawun Dist, Riyadh, Saudi Arabia
Zip Code: 3844 - 12478   Riyadh, Saudi Arabia   Tel: +966 114541148

La douceur du café réside dans son amertume

Abdallah Al Maghlouth

Traduit par :

Sara Hussein

Contents

Prologue

Durant mes études aux États-Unis, un festival des cultures et des arts des peuples a été organisé dans la ville où je vivais.

Je me suis rendu **à ce festival**, chargé de dattes et de café arabe, ainsi que des photos et des peintures qui racontent les étapes du développement de mon pays.

Au festival, j'ai vécu une situation qui reste encore gravée dans ma mémoire. Un homme d'origine indienne est passé devant moi, je l'ai alors arrêté pour lui demander : Voulez-vous un peu de café arabe ?

Il m'a répondu :

Bien sûr, j'en ai beaucoup entendu parler, mais malheureusement, je n'ai jamais eu l'occasion de le goûter.

Je lui ai dit, ravi :

Aujourd'hui vous allez le goûter de sa source naturelle, car c'est un café arabe pur.

J'étais impatient de voir sa réaction, mais il m'a surpris en disant :

Je voudrais un peu de sucre !

Je me suis arrêté un moment pour essayer de comprendre en me demandant : du sucre dans un café arabe ?

Je lui ai dit :

Dans notre pays nous buvons le café amer accompagné d'une barre de chocolat ou autre sucrerie, c'est pour cela que nous nous passons de sucre.

L'histoire ne s'arrête pas là. L'homme indien est revenu vers moi avec une tasse plus grande et m'a dit :

Lorsque j'ai rajouté du sucre, son goût m'a paru encore plus agréable.

C'est alors que j'ai réalisé que le café possède une histoire, une méthode qui diffère d'un pays à l'autre puisqu'il reflète d'une certaine manière la culture de sa société.

Le comportement de l'homme indien m'a confirmé le fait que l'homme est une créature capable de s'adapter. En effet, cet homme ne s'est pas soucié de l'amertume du café, et n'a pas posé son verre de côté comme l'ont fait d'autres, mais il y a ajouté du sucre afin qu'il soit à son goût.

L'anecdote est qu'il est revenu avec une tasse plus grande, comme s'il me disait que la vie n'est rien d'autre qu'une aventure dans laquelle nous avons hâte de nous lancer. Et parfois, lorsque nous tenons quelque chose entre nos mains, nous réalisons qu'il ne nous convient peut-être pas, alors soit nous nous en débarrassons, soit nous nous y adaptons d'une manière qui nous le fait désirer davantage.

C'est ainsi que sont nos réactions ; Beaucoup de choses et de relations que nous vivons dépendent de notre vision des choses et de notre désir de les garder ou de les négliger.

N'oublie pas -mon ami- que chaque personne que tu rencontres dans cette vie est soit un bonus soit un fardeau. Accroche-toi donc à ceux qui te rendent heureux, et **éloigne-toi** de ceux qui te rendent triste.

As-tu déjà pensé que ma vie et la tienne ressemblent à une tasse de café amer ?!

En effet, malgré la dureté et l'amertume de la vie, nos âmes y aspirent et l'aiment au point de l'addiction.

Nous ne pouvons pas nier que le café exerce une forte influence sur nos sens et nos raisons. Certes, son charme commence par son parfum et son goût et la sensation qu'il laisse en nous s'infiltre jusqu'au plus profond de nous-mêmes. L'odeur de café qui émane de ces moulins nous embarque dans un monde de rêve d'une atmosphère différente.

Qu'elle est belle l'odeur du café, quand elle colle à nos vêtements et persiste sur nos affaires...C'est comme une longue et intime **étreinte qui ne** nous lâche pas et dont nous ne nous lassons pas.

Bien que notre café arabe n'ait pas de goût sucré, nous l'aimons et nous y sommes habitués... nous y tenons et il tient à nous... Il nous tient compagnie lors de nos réunions et les rend chaleureuses, il donne à nos rencontres avec nos pères, mères, frères et amis un aspect de proximité et d'harmonie de l'âme.

C'est comme si le café nous rappelle à chaque gorgée que la vie, aussi sombre soit-elle, est tout de même agréable. Nous pouvons nous y adapter, la vivre pleinement tout en y prenant plaisir.

Telle est notre situation avec le café, car la vie est un

équilibre que nous vivons à chaque instant... Il s'agit d'un grand tableau sur lequel nous pouvons dessiner l'image qui nous plait et qui nous convient, et que nous pouvons colorier à notre goût et de notre façon.

Le dessin d'un tableau ne se fait pas uniquement par les couleurs ou les crayons, car nous le dessinons également dans notre imagination. La coloration dépend des sentiments et des pensées qui émanent du plus profond de nous-mêmes, et que nous exprimons avec sincérité et transparence.

Certains d'entre nous peuvent souffrir de stress et faire face dans la vie à de nombreux défis, s'ils manquent de résilience nécessaire pour les affronter, ils vivront le reste de leur vie tristes, misérables et brisés.

Il y a aussi ceux qui affrontent les défis et les obstacles avec détermination et persévérance, maintenant leur équilibre dans la constance et la dignité. Les circonstances ne les ébranlent pas, au contraire, ils les affrontent, s'y adaptent et les surmontent avec ingéniosité.

Parfois, nous vivons des périodes de fluctuation entre douleur et espoir... des cœurs qui battent de bonheur et d'optimisme, et des cœurs qui battent de tristesse et de pessimisme. Cela est tout à fait normal car la vie ne suit pas un seul rythme, au contraire si elle est monotone cela signifie que nous sommes morts. Comme on le dit si bien : La roue de la vie tourne.

Les jours passent, avec leurs joies et leurs peines, leurs blessures et leurs douleurs, tout va passer, se perdre, puis s'oublier, et pour être sereins, il faut lutter et voir la vie d'une manière différente.

Ajoute à chaque tristesse, à chaque souvenir

douloureux, des couleurs joyeuses qui l'embellissent et atténuent ses effets, car malgré la souffrance, la perte et la douleur, l'espoir vit toujours dans l'éclat de nos yeux, un espoir qui se renouvelle à chaque lever de lune et de soleil.

Fais-en sorte que ton passé soit comme une tasse de café amer par sa chaleur, car malgré les brûlures qu'elle nous afflige, nous ne nous cessons pas de boire, au contraire nous l'aimons toujours et en sommes même dépendants.

Ainsi, c'est à partir de la philosophie du café qu'est née l'idée de ce livre, un recueil d'histoires dans lequel les esprits ont appris le sens de la vie **à partir** d'une tasse de café.

Des histoires adaptées qui sentent bon le café, jusqu'à pénétrer au plus profond de nous-mêmes et toucher nos **cœurs**.

Il y a aussi des histoires dont les héros ressemblent à un morceau de chocolat qui fond dans le café pour **le rendre plus goûteux** et délicieux.

Ce sont des histoires qui m'ont émerveillé. Certaines ont été vécues par moi et ma famille, et d'autres ont été vécues par des gens formidables qui ont préféré s'adapter à leur réalité, aussi amère soit-elle. Ils ont lutté de toutes leurs forces jusqu'à ce qu'ils réussissent, et que leur expérience devienne une leçon et une sagesse pour vous et moi.

Avec chaque histoire, il y a un dessin fait de café qui simule la réalité.

Peut-être vous reconnaitrez-vous dans l'une des

histoires, allongés sur un fauteuil buvant calmement un café pendant que vous vivez ses **événements** ; Peut-être **êtes-vous** son héros, celui auquel reviennent ses succès et ses échecs.

Dessine ton monde toi-même, **même** s'il est dépourvu de couleurs. Ne cesse jamais de voir la beauté de la vie. Fabrique-toi un outil pour peindre le tableau de ta vie d'une manière qui te plaît et suscite ta surprise et ton admiration.

Ne sois pas comme un café froid, avec des paroles dénuées de sentiments, et une émotion qui arrive tardivement ce qui te privera de nouvelles opportunités et expériences.

Sois au contraire comme un café chaud avec la chaleur de tes sentiments et ton interaction avec les événements qui t'entourent.

Lorsque nous sommes avec nos proches, nous ne buvons pas le café, mais tissons plutôt les liens d'une relation forte, basée sur un désir sincère, sans précipitation ni fascination, fond**ée sur un amour noble, avec un sentiment** profond, une beauté considérable.

Quand j'ai terminé ma lettre, je suis retourné à mon café qui m'avait inspiré, et je l'ai trouvé froid, comme tant de choses qui nous surprennent et que nous repoussons. Lorsque nous y revenons plus tard, nous constatons qu'elles ont perdu leur saveur, leur chaleur, et que leur lueur s'est éteinte.

En conclusion...

Toutes ces paroles ne sont autres qu'une invitation pour vous et moi, à chercher le sens de la vraie vie dans nos situations passagères et dans nos relations que nous avons laissé refroidir, jusqu'à ce qu'elles soient devenues sans chaleur... sans goût... et sans odeur.

Soyez conscients de votre bonheur, conservez la chaleur de vos sentiments et la pureté de vos âmes. Et rappelez-vous... la douceur du café réside dans son amertume.

Abdallah Al-Maghlouth

Riyad

23 décembre 2018

Sois sûr de bien commencer ta journée. Ne laisse personne ou quoi que ce soit t'en priver. Prends-en le contrôle pour mieux contrôler ta journée et ta vie.

Abdallah Al Maghlouth

Fais ton lit

Le bref discours prononcé par l'officier William Harry McRaven lors de la cérémonie de remise des diplômes de l'Université du Texas à Austin en 2014 a impressionné tout le monde. En effet, son discours sur YouTube compte plus de cinq millions de vues.

Ce discours s'est transformé en un livre qui a connu un succès grandissant et a été traduit en plusieurs langues, et dans lequel il s'est concentré sur trois mots principaux : (Fais ton lit).

Dans son discours dédié à l'étudiant nouvellement diplômé, McRaven a indiqué que celui qui fait son lit dès qu'il se réveille aura accompli avec succès la première tâche simple de sa journée. Par ailleurs, cette simple petite tâche le poussera à en terminer d'autres, l'une après l'Fautre et l'encouragera à en faire davantage. En fin de journée, il se retrouvera auréolé de nombreux accomplissements. McRaven ajoute que si celui qui a fait son lit est malheureux et n'a pas réalisé un seul exploit de toute la journée, il pourra au moins, en allant se coucher, voir son lit fait et profitera de beaux rêves et d'un lendemain meilleur.

Le discours de McRaven au sujet du lit est terminé. Malgré sa simplicité, il porte en lui de profondes morales qui ont rendu cette courte vidéo virale, l'ont fait traduire, et ont permis à l'officier de recevoir un honneur populaire sans précédent.

Et je suis tout à fait d'accord avec lui. Le début de la journée affecte considérablement ce qui reste de cette journée. Le problème avec certains d'entre nous, c'est qu'ils ne se rendent pas compte de l'importance de ce début que l'officier a symbolisé par le fait de faire le lit. Nous commettons une grosse erreur lorsque nous négligeons le commencement de notre journée et que nous ne lui accordons pas l'attention et la réflexion qu'il mérite.

La pire chose que nous puissions faire tôt le matin est de discuter longuement avec nos collègues. En effet, cette discussion nous entraînera dans des dialogues sans fin. Après nous en être extraits, nous nous retrouverons submergés par des tâches en attente, auxquelles nous ferons face avec un moral bas, et des remords qui s'accumulent, nous faisant perdre notre appétit pour le travail. Il est possible que nous accomplissions une chose ou deux, mais sans créativité, enthousiasme ou âme. Nous pouvons remarquer l'effort qui a été investi dans n'importe quelle action par un simple coup d'œil sans besoin de réflexion. L'esprit positif avec lequel nous réalisons nos tâches se reflète sur ces dernières et les fait vibrer, briller et scintiller. Cette brillance est le produit d'un travail énorme et continu qui résulte d'un bon début et d'une grande concentration.

Sois sûr de bien commencer ta journée. Ne laisse personne ou quoi que ce soit t'en priver. Prends-en le contrôle pour mieux contrôler ta journée et ta vie.

N'épargne pas ton amour afin que la rouille n'atteigne pas tes paroles et tes impulsions et les rendent inutilisables.

Approche-toi davantage

Il y a des gens qui t'apportent de la joie simplement quand tu te souviens que tu les connais et que tu peux communiquer avec eux. Ils enrichissent ta vie avec leurs sourires, leurs paroles et leurs traits. Tu ne souhaites rien de plus que de les garder près de toi. Leur seule présence est un baume de guérison, un grand bonheur et un énorme réconfort. Chaque fois que je suis submergé par des défis, je me souviens de leur parfum et de leur charme, ce qui me permet alors de surmonter, avec l'aide de Dieu et par leur influence, tous les moments difficiles que j'ai traversés. Ceux-ci méritent de ma part et de la tienne que nous leur rendons hommage, parce qu'ils nous ont choisis comme proches et amis. Ils ont laissé tous les autres et nous ont choisis. Ces personnes pures sont une bénédiction que Dieu Tout-Puissant nous a accordée, nous devons donc la préserver avec toute notre affection, nos sourires, notre amour, nos attitudes et nos paroles.

Ne lésinez jamais sur ceux qui vous rendent heureux par leur présence, exprimez-leur tous vos sentiments. Certes, beaucoup de personnes défavorisées parmi nous ont aimé d'autres gens, mais ont oublié de leur dire : « Nous vous aimons ». Ils les ont quittés avant de les enlacer et de les submerger par la chaleur de leurs émotions. Ceux-ci vivent maintenant rongés de remords et de regrets.

S'il te plaît, ne fais pas partie de ceux-là.

Tu as de la chance d'avoir tes bien-aimés et êtres chers encore proches. Rapproche-toi d'eux. Aime de tout ton cœur, de tous tes sentiments, tes caresses et expressions. N'épargne pas ton amour afin que la rouille n'atteigne pas tes paroles et tes impulsions et les rendent inutilisables.

Personne ne connaît le montant de l'amour que tu lui portes au fond de toi. Tu es le seul à avoir la clé qui te permet de pénétrer jusqu'au plus profond de toi-même.

Fais plaisir à ceux que tu aimes en les couvrant de sentiments chaleureux que tu éprouves envers eux. N'aies pas peur, répandre les sentiments d'amour ne diminuera pas l'ampleur d'affection envers ceux que tu aimes, mais au contraire l'augmentera. Cela vous permettra d'échanger plus d›intérêt et plus d›appréciation. Nos bien-aimés sont l'**énergie** qui nous motive dans cette vie épineuse et complexe.

Chacun de nous possède une liste de noms sans lesquels nous ne pouvons imaginer nos vies. Nous devons donc nous y accrocher non seulement avec nos mains mais avec nos sentiments et nos paroles. Seules les paroles peuvent te rapprocher d'eux, peu importe combien tu es loin. Un court message de quelques mots ne te fera pas de mal, par contre, leur départ te sera douloureux.

Après l'absence, les mots perdent leur sens et leur éclat, jusqu'à devenir un cœur sans battements, un corps sans âme.

Entraîne tes doigts, ta langue et tes yeux à prononcer de belles paroles. Cela requiert un entraînement, de la pratique et de la **répétition** afin que le silence ne te trahisse pas aux moments cruciaux. Laisse tes émotions se déchaîner car la pluie a la vertu d'abreuver les lignes mais aussi les cœurs.

Donne mon ami, les petites choses ne coûtent pas cher mais tu rendras les autres heureux et laisseras un grand impact.

Le repas le moins cher

La serveuse du restaurant a distribué le menu du déjeuner à deux dames, avant d'y jeter un coup d'œil, elles lui ont demandé de leur proposer les deux plats les moins chers par manque d'argent, sachant qu'elles n'avaient pas reçu leurs salaires depuis plusieurs mois en raison de difficultés financières rencontrées par l'entreprise pour laquelle elles travaillent. La serveuse Sarah n'a pas réfléchi longtemps et leur a proposé deux plats qu'elles ont acceptés sans hésiter, tant qu'il s'agissait des moins chers. Lorsqu'ils ont été servis, les deux dames les ont mangés avec appétit, et ont demandé l'addition à la serveuse avant de partir. Elle est alors revenue vers eux avec un morceau de papier parmi les factures, sur lequel elle a écrit ce qui suit : « J'ai payé votre facture de mon compte personnel compte tenu de votre situation. C'est le moins que je puisse faire pour vous, merci pour votre gentillesse ». Signé : Sarah.

Ce qui est remarquable dans la situation précédente, c'est que Sarah a été ravie de payer la facture des deux femmes, malgré sa situation financière difficile. En effet, elle économise depuis environ un an la valeur d'un téléviseur qu'elle aimerait acheter, et toute somme gaspillée retarderait son acquisition de cet appareil de rêve. Mais ce qui l'a le plus attristée, c'est la réprimande de son amie quand elle l'a appris. En effet, celle-ci a dénoncé son comportement parce qu'elle s'est privée, ainsi que son enfant, d'argent dont elle avait besoin plus que les autres. Et avant que les remords ne l'atteignent après la protestation de son amie de longue date contre son initiative, elle a reçu un appel de sa mère lui disant à voix haute : « Qu'as-tu fait ? ». Sur quoi elle a répondu d'une voix basse et tremblante, craignant de subir un choc insupportable : « Je n'ai rien fait, que s'est-il passé ». Sa mère a répondu : « Tout Facebook t'acclame. Deux femmes ont posté sur leur compte la lettre que tu leur as écrite après avoir payé leur facture, et beaucoup l'ont transmis. Je suis fière de toi ». À peine avait-elle terminé sa conversation avec sa mère qu'une amie d'école la contactait, évoquant la circulation virale de son message sur toutes les plateformes sociales numériques. Et dès que Sarah a ouvert son compte Facebook, elle a trouvé des centaines de messages de producteurs de télévision et de journalistes demandant à la rencontrer pour parler de son initiative remarquable. Le lendemain, Sarah est apparue à l'antenne de l'une des émissions de télévision américaines les plus populaires et les plus suivies. La présentatrice du programme lui a offert un téléviseur moderne ainsi que dix mille dollars, en plus d'un bon de 5 000 $ de la part d'une entreprise d'électronique.

Les cadeaux se sont déversés sur elle jusqu'à atteindre 100,000 dollars en guise de remerciements pour son sublime comportement humain. Deux repas qui ne lui ont pas coûté plus de 27 $ ont changé sa vie.

La générosité ne consiste pas à me donner ce dont tu n'as pas besoin, mais plutôt à me donner ce dont tu as le plus besoin. Il n'y a pas de paroles plus éloquentes, plus grandes et plus profondes que les paroles du Tout-Puissant : *(Vous n'atteindrez la (vraie) piété, que si vous faites largesses de ce que vous chérissez).*

Donne mon ami, les petites choses ne coûtent pas cher mais tu rendras les autres heureux et laissera un grand impact.

Mes amis

Pourquoi attendons-nous de vieillir avant de revenir vers nos parents ?

Revenons-vers eux aujourd'hui. Avant qu'ils ne partent et que les remords nous rongent.

Ils te quitteront

À chaque fois que je visite la maison de mon père et que je rencontre mon petit frère, **étudiant** au lycée, je le surprends par des paroles que je répète tellement qu'il les presque mémorisées : « Donne de ton temps à tes parents. Le jour viendra bientôt où ta relation avec tes amis avec qui tu passes tout ton temps cessera. Tu ne connaîtras probablement pas leurs spécialités universitaires plus tard, alors que maintenant, tu connais la nature de chaque repas qu'ils prennent. Vos intérêts futurs vous sépareront. Les différences culturelles et intellectuelles augmenteront entre vous, rendant difficile la communication. Ton destin mon frère Mus'ab, est de retourner dans les bras de ta **mère et de** ton père, alors sois près d'eux maintenant et n'attends pas demain. Je lui répétais ce conseil en me basant sur mon expérience personnelle, car plus je vieillissais, plus je voulais être près de mes parents et de ma famille. Les remords me font beaucoup souffrir quand je me souviens que je les ai quittés pendant des années à cause d'amis qui n'occupent plus aucune place dans ma vie aujourd'hui. Quand je rencontre d'anciens amis par hasard, nous nous rappelons ensemble les souvenirs agréables qui nous ont réunis. Toutefois, nous nous disons très vite au revoir après avoir **échangé nos numéros de** téléphone pour la millième fois sans s'appeler. J'ai finalement découvert que ce dont je souffre et que je transmets douloureusement à mon frère est une importante théorie scientifique en psychologie appelée : Socioemotional selectivity theory

(Théorie de la sélectivité socio-émotionnelle) qui met en évidence la sélectivité socio-émotionnelle. Cette théorie soutient que nous devenons biaisés envers nos émotions à mesure que nous vieillissons, de sorte que nos relations avec les amis se dégradent et celles avec les parents et les frères et sœurs se renforcent, beaucoup d'amitiés font alors partie du passé. Nous revenons spontanément à nos racines, à nos mères et pères. Le thé que nous buvons en leur compagnie devient la boisson la plus délicieuse, et leur rencontre devient le plus grand souhait. Quand nous grandissons, nous espérons redevenir enfants afin de jouir de leur chaleureuse étreinte. La théorie indique qu'à mesure que nous vieillissons, la plupart d'entre nous s'abstient de participer aux rencontres publiques. Nous en sommes venus à préférer les réunions privées intimes dans lesquelles sont présents nos proches les plus chers, où partager des moments avec eux devient le paradis que nous attendons avec impatience et auquel nos cœurs aspirent. Un sentiment qui contraste avec celui de notre adolescence, où nos sentiments envers notre famille étaient fluctuants, et envers nos amis et collègues vifs et excitants. Mes amis, pourquoi attendons-nous de vieillir avant de revenir vers nos parents ?

Revenons-vers eux aujourd'hui. Avant qu'ils ne partent et que les remords nous rongent.

Chaque jour, je crois de plus en plus que beaucoup de ceux dont nous nous moquons sont submergés par une immense douleur.

Une vieille sorcière

Nous nous asseyons derrière des écrans, petits ou grands ; Télévision, tablettes ou appareils mobiles, déversant des calomnies sur l'un, ou des critiques sur l'autre, sans égard pour les émotions ou les sentiments des gens. Nous lançons des paroles à la légère, ignorant leur gravité et leur danger, pensant que la personne est un objet, que les mots ne lui font pas de mal et que les paroles ne le déchirent pas. Nous ne nous arrêtons pas là, mais nous nous portons volontaires pour critiquer son apparence, lui proposant - sans permission - qu'il change de style et de personnalité, voire de vêtements ; parce que cela ne nous va pas.

J'ai été frappé par une courte vidéo traduite par mon frère Faysal et postée sur son compte Twitter au sujet d'une célèbre chef nommée Rachel Farnsworth dont le blog avait été commenté comme suit : « Tu as l'air d'avoir soixante-dix ans à cause de tes cheveux gris. Tu ferais mieux de te teindre les cheveux quand tu apparais à la télé pour ne pas ressembler à une vieille sorcière. Ce n'est qu'une suggestion ».

La réponse de la cuisinière a été éloquente et touchante. Elle y indique qu'elle a 31 ans, et qu'elle et son mari ont décidé de vieillir ensemble et de voir leurs cheveux virer au gris ensemble. En effet, Rachel souffre d'une maladie immunitaire rare appelée «maladie d'Addison», ce qui signifie que - dans la plupart des cas – elle n'atteindra jamais l'âge de soixante-dix ans ; Les personnes atteintes de cette maladie meurent généralement avant d›atteindre cet âge. « Tout signe de vieillissement signifie que je suis toujours en vie, dit-elle. Peu de gens ont la chance de pouvoir vieillir, et je serai l'une d'entre eux ». Certes, celui ou celle qui a posté ce commentaire sur son blog ne connaît certainement pas la souffrance de la chef Rachel.

Ce commentaire devrait être une leçon pour chacun de nous, qu'il faut être prudents que nos paroles ou nos langues ne blessent les cœurs d'autrui.

En effet, les comportements des autres leur appartiennent tant qu'ils ne nous affectent pas, et avec lesquels il ne faut pas interférer, car il peut y avoir des raisons que nous ignorons.

Je me souviens d'un camarade de classe lors de mes études qui portait des chaussures étranges dont certains se moquaient. L'un des étudiants est allé trop loin, profitant de l'occasion durant laquelle le collègue avait enlevé ses chaussures avant d'entrer dans la mosquée pour écrire dessus : « Au fait, tes chaussures sont drôles ». Le lendemain, le directeur de l'école s'est rendu dans toutes les classes à la recherche du coupable et a dit : « Vous ne savez peut-être pas que votre collègue porte ces chaussures orthopédiques en raison d'un léger handicap au pied. Honte à vous de vous moquer de lui. Celui qui a commis cet acte sera puni ».

L'étudiant s'est excusé le matin auprès de notre collègue devant tout le monde, mais la situation est restée ancrée dans ma mémoire malgré de nombreuses années passées. J'ai donc commencé à essayer autant que possible de trouver une justification à tout comportement, goût ou tenue vestimentaire que je n'aimais pas, et j'ai toujours fait de mon mieux pour éviter de les commenter.

Chaque jour, je crois de plus en plus que beaucoup de ceux dont nous nous moquons sont submergés par une immense douleur. Certes, ce sont les personnes les plus tristes qui ont le sourire le plus brillant, les personnes qui ont le plus souffert qui sont les plus sages et les personnes les plus grandes qui sont les plus simples.

Rappelle-toi que le don est comme un parfum, il adhère à toi avant que les autres ne puissent le sentir

Nos choses négligées

Il y a quelques années, une femme a demandé à son époux d'offrir son second ordinateur portable qu'il n'utilise pas au fils de sa collègue, femme de ménage à l'école. En effet, le fils de l'employée d'école a une passion pour l'ordinateur, mais il ne possède pas d'appareil lui permettant de développer ses capacités, à cause des conditions financières difficiles de ses parents. Toutefois, son mari a refusé parce qu'il avait l'intention de conserver cet appareil pour sa fille de neuf ans jusqu'à ce qu'elle grandisse un peu et puisse l'utiliser facilement. La femme n'a pas baissé les bras et a fini par persuader son mari d'offrir cet appareil qu'il n'a jamais utilisé au jeune doué. À peine quelques années plus tard, ce jeune homme a inauguré une petite entreprise spécialisée dans les applications électroniques, et dans une initiative remarquable, il a offert la moitié de la propriété de l'entreprise à sa mère. Mais la surprise a été lorsque la mère a persuadé son fils de donner la moitié de la propriété au mari de sa collègue, qui a offert à son fils un « ordinateur portable », ce qui a contribué à améliorer ses compétences techniques et sa programmation. Ce mari a écrit une lettre touchante confirmant son grand regret parce qu'il a beaucoup hésité à offrir à une personne nécessiteuse et douée quelque chose dont elle avait désespérément besoin. Et voilà qu'aujourd'hui, son don lui a été rendu doublement, dans une leçon qu'il n'oubliera sans doute pas. Ce mari touche environ 30 000 par mois de bénéfices grâce à cette entreprise prometteuse, après avoir fait don d'un « ordinateur portable ». Un gros revenu supplémentaire susceptible d'augmenter, auquel il n'a ni rêvé ni pensé, et qu'il a reçu sans efforts ni fatigue. Imaginez, mes amis, l'importance et l'impact de nos choses négligées et inutilisées, elles constituent peut-être des outils inspirants pour d'autres qui les attendent depuis longtemps et en rêvent. Parfois, nous sous-estimons ce que nous offrons ou donnons, alors que cela peut être important, influent et changer la vie des autres. Rappelle-toi que le don est comme un parfum, il adhère à toi avant que les autres ne puissent le sentir. En fait, c'est toi que ton don rend le plus heureux, car le parfum persiste sur la main qui offre la rose. Les choses que nous donnons disparaissent, mais elles reviennent sous des formes plus charmantes, belles et surprenantes, portant avec elles des cadeaux que nous n'aurions jamais pu imaginer. Le don est une grande bénédiction que seuls ceux qui le font peuvent ressentir.

Vos enfants sont une graine,

Plus vous l'arrosez bien, plus elle grandira bien et portera ses fruits

Le plus formidable des pères

Le père hésitait quel jeu acheter à son fils de 11 ans. Il a demandé conseil à ses voisins, à ses collègues de travail et même aux professeurs de son fils pour qu'ils lui donnent l'idée d'un cadeau utile qui le rendrait heureux et avec lequel il passerait un bon moment. Après de longues recherches et efforts, son choix s'est porté sur une trousse à outils chimique. Son fils l'a reçue chaleureusement et a ensuite commencé à l'expérimenter, en assemblant des composants et en les mélangeant. Puis, le petit garçon est devenu très obsédé par cette boîte, passant beaucoup de temps à jouer avec, elle l'intéressait beaucoup plus que ses matières scolaires. Cette boite passionnante l'a incité à se plonger dans des livres de chimie pour obtenir des instructions lui permettant de fabriquer des feux d'artifice et des matériaux qui produisent des sons et des formes remarquables. Le cadeau que son père lui a apporté l'a envoyé dans de vrais laboratoires de chimie après s'être plongé dans l'imaginaire. À partir de ce moment, sa passion pour les sciences expérimentales s'est intensifiée. Cependant, le père ne s'est pas arrêté là, il a recherché un professeur de chimie distingué pour s'asseoir avec son fils afin de répondre à ses questions et lui donner un peu de son temps. En effet, il a réussi à obtenir plusieurs réunions avec le grand scientifique britannique Frederick Sanger (qui a remporté le prix Nobel de chimie à deux reprises, en 1958 et 1980 après JC) renforçant ainsi la passion du fils pour la chimie. Le grand scientifique lui a permis de parcourir son laboratoire ainsi que son esprit jusqu'à ce qu'il devienne son héros. Tous les amis du jeune garçon avaient des photos de stars du football accrochées sur les murs de leurs chambres, tandis que le jeune Richard John Robert avait mis sa photo avec Sanger. Richard le décrit par les mots suivants : « Le professeur Sanger est humble et souriant, il arrive à simplifier les choses, il aide à tout comprendre rapidement. Je l'ai aimé et j'ai aimé la chimie à cause de lui. C'est ainsi que Richard a étudié les sciences à l'Université de Sheffield et a obtenu un doctorat en chimie, puis en 1993, il a reçu le prix Nobel de médecine.

Nous avons tendance à sous-estimer la valeur et l'impact du cadeau que nous offrons à nos enfants et à nos frères et sœurs, ignorant qu'il peut complètement changer le cours de leur vie. En effet, cette boîte a été un tournant dans la vie de Richard. Comme ce père est formidable, il n'a pas choisi la solution la plus facile en prenant le jouet le plus proche sur l'étagère. Il a poursuivi ses amis, ses voisins et même les professeurs de son fils pour obtenir l'idée d'un cadeau précieux. Cette courte peine s'est transformée en un grand bonheur. Il n'est pas nécessaire que votre fils devienne un scientifique, mais avec la grâce de Dieu, il sera exceptionnel tant qu'il recevra votre attention et vos soins de manière intelligente.

Souvenez-vous que vos enfants sont une graine, plus vous l'arrosez bien, plus elle grandira bien et portera ses fruits.

La solitude est impitoyable...

Après qu'elle a planté ses griffes dans ton dos, tu ne peux plus te libérer de ses crocs.

Le secret du bonheur...

Résultats d'une étude qui a duré 78 ans

L'Université de Harvard a réalisé une étude considérée comme l'une des plus longues études scientifiques, et qui consiste à surveiller la vie de 724 hommes pendant 78 ans. Divers entretiens ont été menés avec eux dans leurs maisons. Leur consentement a été obtenu pour consulter leur dossier médical, rencontrer leurs partenaires, leurs amis et enfants et analyser leur sang. Leurs médecins ont été contactés, ils ont été filmés pendant leurs conversations avec leurs épouses, jusqu'à ce que l'université obtienne des résultats importants pour nous tous, notamment :

1- Une enfance chaleureuse : l'étude indique que plus un enfant bénéficie d'une relation étroite avec ses parents ou avec l'un de ses frères et sœurs, sa vie sera plus saine. En effet, l'attention portée par les parents à l'enfant et à sa conversation spontanée se reflètera sur sa santé future et sur son sentiment de confiance et d'intérêt. L'étude a aussi rapporté que les enfants qui interagissent davantage avec les membres de leur famille pendant l'enfance et l'adolescence souffrent moins de dépression.

2- Relations profondes : Lorsqu'un homme entretient de bonnes relations, il gardera son sourire plus longtemps. De bonnes relations ne se mesurent pas en nombres mais en qualité. Si tu as un ami proche et un partenaire honnête, cela signifie que tu vivras plus longtemps, si Dieu le veut. Chaque fois qu'une personne souffre de relations amères et anxieuses avec son partenaire de vie ou l'un de ses amis les plus proches, elle devient malheureuse, déprimée et malade à un âge avancé. En effet, vivre au sein de conflits chroniques détruit une personne, alors que profiter de bonnes relations profondes ravive sa vie et rend son avenir heureux. Les relations profondes ne signifient pas l'absence de conflits, mais signifient le respect mutuel, la peur l'un pour l'autre, la pensée de l'un à l'autre. Lorsque l'époux reçoit une bonne nouvelle, sa femme est la première personne à la connaître, et lorsqu'il en reçoit une mauvaise, elle est sa première et dernière consolation.

3-   Isolement toxique : L'étude a prouvé que les hommes qui se portent volontaires pour travailler dans des centres sociaux et qui veillent à sortir de la maison et nouer de nouvelles relations avec les autres maintiennent leur santé et leur sourire comparés à ceux qui préfèrent rester seuls à la maison devant des écrans de télévision ou des ordinateurs. Par ailleurs, l'isolement affecte la santé jusqu'à tuer l'âme très lentement. Son début est le confort et l'abandon des engagements, et sa fin est choquante. La solitude est sauvage et impitoyable, après qu'elle ait planté ses griffes dans ton dos, tu ne peux plus te libérer de ses crocs.

Que quelqu'un nous quitte ne signifie pas que nous sommes mauvais, mais plutôt que nous avons de la chance car nous n'avons pas vécu plus longtemps avec des personnes qui ne valorisent pas le temps passé ensemble, car elles ne nous méritent pas.

Guérir de l'attachement aux gens

Pendant ma période universitaire, j'ai noué une belle amitié avec un merveilleux camarade de classe, qui m'impressionnait par son ambition, sa conscience et son sens de l'humour. Nous nous rencontrions régulièrement, mais tout s'est soudainement arrêté. Il ne répondait plus à mes appels, et quand il me voyait, il m'évitait, j'ai alors décidé de laisser ma fierté prendre le dessus et d'arrêter de le poursuivre et de demander de ses nouvelles. Ce n'était pas une mince affaire, c'était même très difficile, mais le plus difficile était d'arrêter de penser à lui et de se souvenir de ses nombreuses vertus et avantages. Au bout d'un moment, cette personne n'avait plus de place dans ma tête, il m'a fallu pas mal de temps pour me remettre de son absence. Je me souviens de cette relation à chaque fois que j'entends quelqu'un parler de sa souffrance à cause de son attachement à une personne et de son incapacité à se débarrasser du sentiment de besoin désespéré de lui. Je vais donc présenter quelques idées basées sur l'expérience personnelle ainsi que diverses lectures dans ce contexte ; Peut-être que cela aidera certains d'entre nous souffrant de ce sentiment douloureux :

1- Abaisse le seuil de tes attentes : lorsque nous rencontrons quelqu'un avec qui nous sommes heureux, il nous arrive beaucoup de penser que c'est la personne que nous recherchons depuis des années, voire des décennies, et ce avant de laisser la relation mûrir suffisamment pour nous prouver ou non la validité de nos sentiments. La meilleure solution est de ne pas fonder de grands espoirs sur ces relations, de ne pas faire **à la hâte** de promesses de rester ensemble longtemps, de se rappeler les belles relations que nous avons vécues et qui n'ont pas duré, de ne pas attribuer de préférence à une personne après une courte période de connaissance, comme le fait de lui dire : « Tu es le meilleur ami que j'aie jamais eu ». Il ne s'agit pas d'être pessimiste, c'est plutôt une invitation à abaisser le seuil des attentes pour ne pas être déçu, afin que la blessure ne devienne pas profonde et impossible à cicatriser. N'espère pas trop des gens afin de te contenter du peu qu'ils t'offrent. Si tu t'attends à trop, tu ne récolteras que peine et douleur.

2-   Ne dévoile pas tout : Cela ne veut pas dire qu'il faut tout garder pour soi-même, accorde progressivement ta confiance et ton temps, la progression donnera **à** chaque mot une valeur et **à** chaque sourire un sens, l'ardeur est agréable et l'anticipation est stupéfiante.

3-   Ne te laisse pas abattre par les questions : quand quelqu'un que nous aimons s'absente soudainement de nos vies, ces questions nous hantent automatiquement : Ne suis-je pas spécial ? Est-il meilleur que moi ? Pourquoi suis-je malchanceux ? Tu ne l'es pas, crois-moi, ne te laisse pas abattre par ces questions, ne leur permet pas de t'occuper l'esprit, souviens-toi de toute la belle liste qui illumine ton (WhatsApp) et ta liste de contacts qui attendent un mot ou même un sourire de ta part pour te combler d'amour. Que quelqu'un nous quitte ne signifie pas que nous sommes mauvais, mais plutôt que nous avons de la chance car nous n'avons pas vécu plus longtemps avec des personnes qui ne valorisent pas le temps passé ensemble, car elles ne nous méritent pas. Elles ne méritent même pas qu'on pense à elles, Dieu nous a sauvés avant que nous nous appuyions sur elles et qu'elles se retirent causant notre chute. Nous ne connaissons la valeur du départ de certains que lorsque nous trouvons des gens meilleurs qu'eux. Nous souffrons parce que nous avons pleuré leur absence un jour, alors qu'il aurait mieux valu que nous nous réjouissions et fêtions leur départ qui nous a donné l'occasion de faire connaissance avec des personnes plus belles et plus nobles.

Ne laisse pas le temps libre te tromper, car c'est le voleur le plus insidieux qui existe.

Il volera tes plus beaux moments avec ta permission pendant que tu souris.

En effet, le temps libre est le seul voleur qui te pille pendant que tu l'applaudis.

La pression engendre la réussite

Un de mes amis, chercheur distingué possédant des publications dignes d'appréciation et de gratitude qui, en plus de ses importants projets d'auteur, travaille comme employé dans une agence gouvernementale. Un haut fonctionnaire du secteur dans lequel il travaille l'a invité un jour à lui rendre visite dans son bureau. Il l'a félicité d'un prix qu'il a remporté pour l'un de ses livres et lui a demandé : « Comment puis-je t'aider pour continuer à briller ? ». Mon collègue lui a répondu sans réfléchir : Laisse-moi me consacrer à la recherche pendant deux ans. Le fonctionnaire lui a dit : « Qu'il en soit selon ton désir ».

Étonnamment, mon ami n›a publié aucun livre pendant ces deux années, lui qui avait l'habitude d'en publier deux chaque année.

J'ai demandé à mon collègue : « Qu'est-ce qui t'est arrivé ? J'ai pensé que le temps libre augmenterait ta productivité et la qualité de ton travail ? », la réponse de mon ami a été choquante, il a dit : « Je me suis fait avoir par la recherche à plein temps. J'ai pensé que j'avais le temps. J'ai commencé à reporter le travail plus d'une fois jusqu'à ce que je perde deux ans sans résultat ».

Mes amis, chaque jour je découvre que le temps libre augmente nos déceptions alors que les préoccupations augmentent notre réussite. Plus les pressions et les responsabilités sont grandes, plus le rythme des ambitions et des victoires est élevé.

La pression génère la réussite, et non pas la catastrophe. On dit souvent : « Ne confie pas une tâche à une personne sans travail ». Je suis tout à fait d'accord avec cet avis. Si la personne était sérieuse, elle ne serait pas disponible. Plus nous sommes occupés, plus nous accomplissons.

Être occupé nous fera prendre soin de chaque instant, lui prodiguer les soins qu'il mérite pour que le temps porte ses fruits et brille.

Ne laisse pas le temps libre te tromper, car c'est le voleur le plus insidieux qui existe. Il volera tes plus beaux moments avec ta permission pendant que tu souris. En effet, le temps libre est le seul voleur qui te pille pendant que tu l'applaudis, et plus tard, tu souhaiteras l'avoir étouffé avec les mêmes doigts qui l'ont accueilli.

Un ami m'a écrit sur « Snapchat » commentant l'histoire de mon collègue : « J'ai hésité pendant trois ans à décider d'étudier le Master, parce que j'avais peur que l'étude affecte mon travail. Aujourd'hui, je regrette d'avoir hésité et d'avoir été en retard. Mes études en Master ont fait de moi un meilleur employé. Je prends plus soin de mon temps. Je ne perds aucune minute.

Assure-toi, mon ami, que ta préoccupation, si pénible soit-elle, reste mille fois meilleure que ton temps libre, si réconfortant soit-il.

Des choses étonnantes, belles et délicieuses que nous avons obtenues et que nous continuerons à obtenir durant notre vie se sont réalisées à cause d'une erreur ou d'une coïncidence que nous avons rencontrée.

Trouver en trébuchant

J'ai étudié la commercialisation avec un professeur qui débute chaque leçon par deux questions à tous les élèves de sa classe, à savoir : Quelle est ta spécialité ? Et pourquoi l'as-tu choisie ? Ce jour-là, j'ai entendu de belles réponses, et l'une des plus belles a été celle d'un étudiant spécialisé en publicité lorsqu'il a dit : « Je n'ai pas choisi la spécialité. C'est elle qui m'a choisi. » Il nous a alors raconté son expérience universitaire, le premier jour de son deuxième semestre ; et comment il est entré par erreur dans un cours portant sur les bases de la publicité au lieu de l'histoire. Il a découvert qu'il était dans la mauvaise classe environ cinq minutes après le début du cours, pensant à quitter la classe, il a été attiré par le style du professeur ainsi que par le contenu qu'il proposait. Il s'est dit : « Un cours agréable qui me sera utile. Et l'absence d'un jour ne me fera pas de mal ». Dès que le cours s'est terminé, une tempête s'est déchainée dans son esprit. Tout le monde est sorti sauf lui qui ne le voulait pas. Ce n'était pas seulement un cours intéressant et riche. Au fond de lui, une voix chaleureuse l'invitait non seulement à rester tout le long de ce semestre, mais à choisir la spécialité publicitaire. Le professeur l'a remarqué pendant qu'il rassemblait le reste de ses affaires pour sortir de la salle, et lui a demandé : « Qu'est-ce qui ne va pas, tu as un problème ?» Il a répondu : « Oui, je suis tombé amoureux. » « Nous avons tous éprouvé ce sentiment. C'est la plus belle tombée. » Et avant que le professeur ne quitte la salle de classe, l'élève l'a rattrapé en l'appelant : « J'ai besoin de votre aide. Avant, je penchais vers le journalisme, et maintenant, après votre cours, je me trouve fasciné par la publicité. Que me conseillez-vous ? » Le professeur lui a suggéré de lire deux livres dans le domaine de la publicité, et s'il les terminait, il y achèverait sa carrière. C'est ainsi qu'il s'est spécialisé en publicité et a publié son intéressante histoire sur le choix de la spécialisation dans un article qui a figuré dans le journal de l'université. Je me suis souvenu de l'histoire de cet étudiant avec sa spécialisation lorsque j'ai lu la phrase de la romancière Ahlam Mosteghanemi : « La plus belle chose qui nous arrive n'est pas celle que nous trouvons, mais plutôt celle sur laquelle nous trébuchons. » Des choses étonnantes, belles et délicieuses que nous avons obtenues et que nous continuerons à obtenir durant notre vie se sont réalisées à cause d'une erreur ou d'une coïncidence que nous avons rencontrées. Essayez d'explorer de nouvelles opportunités, afin que vous puissiez profiter des joies et des surprises que vous n'aviez pas prévues. Libérez-vous des restrictions et de la routine et permettez-vous de goûter des saveurs que vous n'avez jamais goûtées auparavant dans votre vie. Si cet élève n'était pas entré dans cette classe par erreur, il ne serait pas tombé amoureux de la publicité et s'en serait épris. Nous devons changer nos habitudes et nos destinations, afin que nous puissions trouver l'amour caché qui nous attend dans un endroit qui nous est inconnu. Qu'il est beau l'amour quand il vous tombe soudain dessus et vous submerge de sentiments indescriptibles et incommensurables.

Tes premiers pas, aussi timides soient-ils, te mèneront vers de grands pas. L'important est d'aller de l'avant et de se contenter de peu pour obtenir beaucoup.

L'enfer du temps libre

Arwa a fait face à une véritable crise lorsqu'elle a obtenu son baccalauréat en finance sans pouvoir trouver d'emploi pendant plus d'un an. Elle se sentait frustrée, impuissante. Non seulement ses rêves ont été brisés, mais sa relation avec ses parents et ses frères et sœurs a également été affectée. Les problèmes entre eux se sont multipliés, l'incitant à se retirer et à rester dans sa chambre qui est devenue son exil volontaire, et d'où elle ne sortait que pour aller aux toilettes ou préparer ses plats. Ses conflits avec sa famille se sont aggravés au point de la pousser à acheter un petit four pour préparer la nourriture dans sa chambre afin de ne pas les croiser dans la cuisine. Elle n'acceptait les paroles de personne. Au bout d'un moment, Arwa a lu un tweet à propos d'un poste vacant de réceptionniste dans une clinique dentaire. Elle a décidé d'y postuler tout en réalisant que cela n›était pas à la hauteur de ses ambitions et de son diplôme universitaire, mais elle a estimé que ce serait sans doute mieux que l'enfer du temps libre dont elle souffrait. Elle s'est donc rendue à la clinique où la propriétaire a mené un entretien personnel avec elle, et à la fin duquel Arwa a été embauchée. Après l'entretien, son désir d'occuper ce poste s'est accru grâce au comportement de la propriétaire de la clinique. À présent, l›étape la plus difficile était de convaincre sa mère d'accepter qu'elle travaille comme réceptionniste. Comme prévu, sa mère a refusé cette option de carrière, mais après l'insistance de la fille, elle a accepté à plusieurs conditions, dont la plus importante était de ne pas révéler son nom au complet. C'est ainsi qu'Arwa a exercé son emploi à la clinique, réussissant à surmonter ses chagrins et obtenant un grand succès. Puis, un jour, une femme qui fréquentait la clinique, lui a demandé son numéro pour discuter d'un sujet personnel, elles se sont alors rencontrées dans un café après le premier appel téléphonique. Cette dame lui a proposé un emploi dans la banque dont elle dirige les succursales parce qu'elle voyait en elle une certaine excellence. Arwa a immédiatement accepté. Des années après cette rencontre, Arwa occupe désormais une position de leader dans cette banque, ce qui a contribué à l'amélioration de ses relations avec sa famille, résolvant ainsi tous les **désaccords et les** conflits entre eux. L'expérience d'Arwa montre que tes premiers pas, aussi timides soient-ils, te **mèneront** vers de grands pas. L'important est d'aller de l'avant et de se contenter de peu pour obtenir beaucoup.

Les individus qui réussissent le mieux sont ceux qui ont combattu la monotonie, les stéréotypes et la routine.

Méfie-toi de tes habitudes

Des chercheurs de l'institut MIT ont décidé de mener des expériences sur des souris en plaçant sur celles-ci des capteurs microscopiques qui leur permettent d'observer ce qui se passe dans leur tête pendant qu'elles effectuent certaines tâches, dans le but de découvrir le secret de leur dynamisme variable. Ainsi, les chercheurs ont placé des dizaines de fils fins surveillant tout ce qui se passe dans la tête de ces petites créatures, après les avoir fait entrer dans un labyrinthe en forme de T à l'extrémité duquel se trouve un morceau de chocolat.

Ils ont alors découvert que le cerveau de chaque souris connaissait une activité presque explosive lors de son entrée dans le labyrinthe grâce à l'action implacable et accélérée du lobe temporal médian. Il s'agit d'un ensemble de neurones responsable de toutes sortes de tâches cognitives, à savoir renifler, courir, explorer et analyser sous tous les angles. Mais après plusieurs tentatives de la part des souris, et après avoir découvert l'emplacement du chocolat, les chercheurs ont remarqué que leur cerveau commençait à cesser de penser et de s'activer d'après les capteurs attachés à leur tête. En effet, les souris avaient découvert l'emplacement du chocolat et le trouvaient à présent sans effort car elles avaient mémorisé son emplacement dans les ganglions de la base (morceau de tissu nerveux) présents dans le cerveau et responsables des actions de routine.

Ce résultat dont l'auteur et journaliste Charles Duhigg a longuement parlé dans son livre (The Power of Habit) révèle la gravité des tâches routinières sur notre cerveau et notre pensée. Selon le célèbre journaliste, le fait d'accomplir des tâches typiques les transforme en habitudes qui affectent le développement de nos compétences et capacités et nous empêche de progresser. La meilleure façon d'empêcher nos esprits d'arrêter de penser et de travailler efficacement est de ne pas compter sur le travail habituel que nous faisons, et de nous engager dans de nouvelles expériences qui incitent nos cerveaux à réfléchir de manière continue ce qui mène à la créativité et à l'excellence.

Nous commettons une grave erreur envers notre esprit et notre avenir lorsque nous exerçons éternellement le même travail sans penser à le changer, ou au moins à changer l'environnement dans lequel nous travaillons. Nos cerveaux ne sont pas les seuls à s'arrêter lorsque nous nous cédons à la routine ; Même les entreprises et les institutions pour lesquelles nous travaillons piétinent et souffrent si elles ne changent pas de méthodes et d'outils. Les individus qui réussissent le mieux sont ceux qui ont combattu la monotonie, les stéréotypes et la routine.

Rappelle-toi qu'après la misère vient le bien-être.

56

Mon ami, choisis tes combats avec soin

La rareté trompeuse

Pendant que j'étais à Manchester, au Royaume-Uni, je fréquentais un petit restaurant qui ne mettait à disposition que sept tables seulement, et à chaque fois que j'y allais, je devais attendre environ une heure pour avoir la chance de prendre un repas. Pendant un moment, je me suis demandé quel était le secret de mon attirance pour cet endroit et pourquoi supportais-je la longue attente alors que sa cuisine était traditionnelle, pas exceptionnelle, et ne méritait pas toutes ces peines ? Jusqu'à ce que je découvre plus tard que j'étais victime de la « rareté trompeuse » ou ce qu'on appelle en anglais « Scarcity Error ». En effet, nous sommes parfois en proie à la rareté de quelque chose, alors nous nous bousculons pour l'avoir quelle que soit sa qualité et sa distinction, que nous soyons vieux ou jeunes. On raconte qu'une mère a essayé de mettre fin à une bagarre entre ses enfants, elle leur a alors apporté une boîte contenant plusieurs bonbons similaires qui avaient tous la même couleur d'emballage, à l'exception d'un de couleur différente, chose intéressante, les enfants ont laissé tous les bonbons et se sont disputés celui qui était différent et rare, même si il ne différait du reste que par la couleur d'emballage. Cela démontre que depuis notre enfance, nous sommes victimes de cette rareté trompeuse. Dans une étude que j'ai lue dans le livre « The Art of Thinking Clearly » (l'Art de Penser Clairement) de Rolf Dobelli, les étudiants ont été invités à classer dix affiches en fonction de leur niveau de suspense et d'attractivité.

Après quelques minutes, on leur a dit que l'affiche avec le troisième vote le plus élevé n'était plus disponible et avait disparu, puis, on leur a demandé d'évaluer à nouveau les dix affiches et, à leur grande surprise, l'affiche, qui n'était plus disponible avait obtenu la première place. Ce phénomène est connu en psychologie sous le nom de réactance, c'est-à-dire de rébellion psychologique, et qui est directement relié à la rareté trompeuse, car on préfère la chose rare et indisponible à la chose disponible et **à portée de main**, aussi meilleure soit-elle. En effet, l'homme court après ce qu'il n'a pas, et renonce à tout ce qui est à sa portée. Autrement dit, lorsque quelque chose nous est interdit, nous le trouvons subitement plus attrayant. Il s'agit d'un comportement provocant qui est également connu comme l'effet de Roméo et Juliette, car ces derniers se sont accrochés à leur amour pour lequel ils ont lutté parce qu'il leur était interdit, il en est de même concernant l'histoire d'Antar et Abla qui fait partie de notre patrimoine. Il existe une expression connue dans nos sociétés qui dit « tout ce qui est interdit est désirable » car à chaque fois que quelque chose nous est interdit et est difficile à obtenir, il devient indispensable. C'est bien de vouloir rechercher des choses différentes, rares et difficiles, mais encore faut-il les mettre à l'épreuve avant de les vouloir et de se battre pour elles. Dans bien des cas, le secret de leur attrait n'est que dans leur rareté, alors que leur essence est fragile, médiocre, terne et ne mérite pas la souffrance que nous devons subir pour les obtenir. Mon ami, choisis tes combats avec soin.

Les plus grands succès viennent après les chocs les plus durs.

Aïcha

Il y a environ 30 ans, une famille a été victime d'un accident de voiture sur l'autoroute Riyad-Dammam, après qu'un conducteur a fait une embardée vers eux. Trois filles voyageaient à bord du véhicule familial renversé en compagnie de leur père et leur mère. Tout le monde a été admis à l'hôpital. **Les blessures étaient** graves. Fractures et douleurs diverses. La plupart d'entre eux sont restés à l'hôpital pour une durée allant d'un à trois mois. A leur sortie, le conducteur qui a causé l'accident s'est rendu au domicile familial, il a embrassé le **père** sur le front et lui a dit : « Pardonnez-moi. Je me suis endormi en conduisant. J'ai commis une erreur et je voudrais que vous m'excusiez ». Le père lui a répondu : « Je n'ai rien contre vous ». Le chauffeur a alors demandé : « Comment vont votre femme et vos filles ? Le père a répondu qu'ils allaient bien, à l'exception d'Aïcha, dont la moitié du visage **était gravement défigurée**. Abdul Rahman a tout de suite répliqué : Quel âge a-t-elle ? 30 ans. Il a répondu, je vais l'épouser. Abu Aïcha lui a demandé : Es-tu marié ? Il a répondu non. Le père lui a alors dit, je lui demanderai, mais avant cela, tu me promets de ne pas épouser d'autre femme ni de l'offenser. Abdul Rahman l'a rassuré : « Ayez confiance en moi. Vous avez ma parole. Il ne s'agit pas d'un acte de pitié ni de rédemption. Je m'unis à une noble et décente famille ». Sur quoi le père a rétorqué : « Réfléchissez et venez dans un an pour **être sûr** que vous n'avez pas pris de décision émotionnelle, et aussi pour que ma fille grandisse un peu et puisse décider plus rationnellement. » AbdulRahman a attendu un an puis est revenu demander la main d'Aïcha qui a accepté. Aujourd'hui, ils ont trois enfants, deux fils, dont l'un est diplômé en génie mécanique à l'Université du roi Fahd du pétrole et des minéraux, le second étudie la médecine et le troisième est au lycée. Leur vie est basée sur le respect et l'appréciation. Aïcha m'a envoyé un message en disant : « Parlez de mon mari Abdul Rahman sur votre compte (Snapchat). Je lui dois et je dois encore plus à l'accident qui a fait de lui mon mari. Gloire à Dieu, après avoir été défigurée, je m'attendais à ce que ce soit ma fin, mais ce n'était que le début ». À chaque problème que je rencontre, j'ai l'impression d'être le plus malchanceux de tous. Pourquoi moi ? Comment vais-je sortir de cette impasse ? Et je découvre plus tard que je sors de chaque crise plus fort, plus résilient et plus endurant. La malédiction peut se transformer en bénédiction. J'apprends des choses que je n'aurais pas pu apprendre sans cette crise, j'emprunte de nouveaux chemins que je n'ai jamais empruntés auparavant, des chemins bien plus agréables que ceux auxquels je suis habitué. Peut-être que si je n'avais pas vécu cet accident dans ma vie, je ne me serais pas retourné pour voir un monde qui m'était inconnu, un monde incroyable que je n'ai pas pris la peine d'observer. Parfois, nous devons faire un détour pour atteindre des endroits dont nous rêvons et auxquels nous n'avons jamais accédé. Les problèmes auxquels nous sommes confrontés sont douloureux, cruels et violents lorsqu'ils surviennent, et ils le seront toujours, mais il faut croire que nous récolterons leurs résultats positifs après un certain temps, et nous réaliserons alors qu'ils ne sont pas si mauvais, surtout qu'ils nous ont formés et affinés. Lorsque tu es exposé à un problème, **à** une crise ou même **à** une calamité, souviens-toi des paroles de Dieu Tout-Puissant *(Tu ne sais pas si d'ici là Allah ne suscitera pas quelque chose de nouveau !).*

Ne méprise pas les graines,

Un jour elles deviendront des fleurs embaumant le monde de leur parfum

Le fils brisé

Les larmes du **père** se mêlaient à sa sueur alors qu'il réparait les vélos lorsqu'il a découvert que son fils le trompait. En effet, ce dernier avait l'habitude de falsifier les résultats scolaires qu'il lui présentait ces dernières années. Le père s'est senti irrémédiablement brisé. Son rêve, dans lequel il voyait son fils semblable à ceux de ses amis et voisins dont les yeux brillent de fierté en voyant leurs enfants exceller au niveau scolaire, s'est effondré. Le fils s'est retiré de l'école, tout en voyant la déception de son père s'approfondir et grandir. Il s'est échappé de l'enfer des souvenirs d'échec dans sa ville natale et s'est installé dans la capitale à la recherche d'un travail qui lui permettrait de subsister. Il tenait à travailler dans un atelier de réparation automobile afin de pouvoir toucher les voitures qu'il rêvait de conduire mais qu'il ne pouvait pas. Après s'être déplacé d'un endroit à l'autre, il a eu l'occasion de travailler dans l'un d'eux, à condition de prouver sa compétence dans un délai d'un mois sous peine d'être licencié. Le jeune garçon a **réussi dans ce domaine**. Il a rapidement appris le métier et a attiré l'attention des gens. Les clients visitaient désormais l'atelier pour lui. Six ans plus tard, après avoir acquis compétence et notoriété, il a ouvert sa propre boutique, mais cela n'a pas duré longtemps. Son ambition dépassait le simple fait d'être un bon mécanicien, il a donc appris à conduire, s'est engagé dans les courses et s'est fait un nom. Cependant, la chance n'était pas de son côté. Il a été impliqué dans un accident durant l'une des courses dont il a miraculeusement survécu mais qui lui a causé une grave blessure à l'œil. Incapable de continuer dans ce domaine à cause de l'accident, il a été contraint de fabriquer des pièces automobiles pour une entreprise, réussissant de manière progressive. Mais son rêve a de nouveau été brisé après l'explosion subie par son usine et qui a dissipé toutes ses ambitions. Il a fait face à une période difficile et a failli mourir de tristesse, jusqu'à ce qu'il se réveille avec une idée presque impossible : ouvrir sa propre entreprise de construction automobile, s'inspirant de sa vaste expérience et de sa relation émotionnelle avec les voitures.

Il a nommé l'entreprise « Honda », inspiré de son nom en signe d'optimisme. Celle-ci a récolté un succès retentissant jusqu'à **être connue de tous**, petits et grands. Plus il y a d'**échecs**, plus le succès est grand. Il n'y a pas de victoires sans défaites.

Ton échec, mon ami, ne signifie pas ta fin, mais ton début. Nous construisons nos plus grands succès sur les décombres de nos défaites. Les pertes sont des pierres sur lesquelles nous édifions la tour de notre réussite.

Ne méprise pas les graines, un jour elles deviendront des fleurs embaumant le monde de leur parfum.

Essaie de faire tout ce que tu souhaiterais que ton fils, ta fille ou même ton frère fasse devant eux. Tu les verras t'imiter, suivre tes pas et réaliser tout ce que tu désires et même plus.

Les journaux de mon père

Quand nous étions jeunes, mon père lisait des journaux et des livres devant nous dans le salon, malgré le **dérangement et** le bruit que nous causions. Dès qu'il avait fini de lire un journal, mes frères et moi nous nous jetions dessus pour le ramasser, non par envie de le lire, mais par désir d'imiter mon père. Cela a commencé comme une plaisanterie, puis c'est devenu sérieux. Nous attendions qu'il termine n'importe quel journal, magazine ou livre afin que nous puissions le parcourir.

J'ai découvert plus tard, après avoir grandi et renforcé ma relation et mon lien avec la littérature, que le mérite revient, après Dieu, au comportement de mon père qui lisait toujours devant nous. En effet, la meilleure façon d'amener votre enfant à faire quelque chose est de le faire devant lui. Qu'il s'agisse de lecture, de sport ou de dessin. Abou Alaa Al-Ma'arri dit : « **Les jeunes gens parmi nous** sont élevés selon ce que faisaient leurs **pères** ».

Ton amour pour quelqu'un te pousse à tenter de l'imiter dans tout ce qu'il fait, que ce soit en secret ou en public. Tu le fais volontairement, avec amour, plaisir et bonheur, et lorsque tu y goûtes, tu en deviens passionné et tu t'y adonnes.

Je crois vraiment que la meilleure façon de faire détester une chose **à** ton fils, ton frère ou même ton ami est de le conseiller ou de l'exhorter à la pratiquer.

Nous sommes faits pour ne pas accepter les conseils. Sois assez intelligent et fais passer le message de manière plus subtile. Pratique-la et parle de ses atouts pour qu'il l'adopte sans avoir à l'ordonner ni le réprimander. Mon ami médecin a fait adorer la médecine à son fils pour une raison simple, il l'emmène avec lui à la clinique depuis qu'il a dix ans. Pendant qu'il attendait son père dans la salle d'attente, les patients découvraient son lien de parenté avec le médecin et déversaient alors un déluge de louanges et de flatteries en faveur de son père. Ce garçon a grandi en aspirant à recevoir cette appréciation et cet amour de la part des autres. Il a travaillé dur et a persévéré jusqu'à devenir un médecin ambitieux.

Essaie de faire tout ce que tu souhaiterais que ton fils, ta fille ou même ton frère fasse devant eux. Tu les verras t'imiter, suivre tes pas et réaliser tout ce que tu désires et même plus. Fais un petit effort, sois son ami, laisse de côté ta prédication et tu seras très heureux. Et rappelle-toi que les plus beaux succès sont nés de l'encouragement, et non pas de l'intimidation.

La récompense, quelle qu'elle soit, poussera votre enfant plus tard à écrire une page, à dessiner un jardin et à peindre un ciel.

Comment faire aimer l'école à nos enfants ?

Beaucoup de nos enfants préfèrent ne pas aller à l'école et leurs parents ont du mal à surmonter ce défi. Notre devoir consiste à ne pas rester les bras croisés devant ce phénomène. Les raisons peuvent être nombreuses et diffèrent d'une maison à l'autre, mais ce cas reste fréquent et répandu. Voici quelques petites idées que nous pouvons tous développer et exploiter pour rendre le voyage à l'école encore plus agréable.

Premièrement : parle de tes anciens professeurs avec respect. Rappelle-toi des beaux souvenirs qu'ils ont laissés dans ta mémoire et ton cœur. Expose les modèles positifs et ignore les négatifs. Tes enfants auront ainsi hâte de serrer la main de ce professeur si incroyable dont l'influence et le parfum persistent toujours dans ton âme. Ils attendront que le matin se lève et leur sourisse.

Deuxièmement : Entame un dialogue de manière non traditionnelle avec ton enfant sur l'école pendant que tu joues avec lui, il te surprendra par de belles histoires. Exprime ton admiration pour elles et pour lui. Évite les questions directes sur l'école pendant que tu vides son sac de livres et de cahiers. Tâche d'en faire un dialogue et non pas un interrogatoire.

Troisièmement : fais-en sorte que ton enfant se couche tôt. Dormir tôt se reflétera sur sa psyché, sa disposition et son enthousiasme. Le manque de sommeil altèrera tout ; son sourire, son humeur, son enthousiasme et sa performance.

Quatrièmement : Essaie de pousser ton fils à en savoir plus sur un personnage qu'il étudiera, ou même une lettre qu'il apprendra. Fais-toi aider par YouTube ou Internet en général pour en savoir plus. L'homme est l'ennemi de ce qu'il ignore, que dire alors des tous petits. Sois soucieux des connaissances de ton enfant tout comme tu te soucies de ses vêtements pour profiter d'un sourire qui durera plus longtemps sur son visage.

Cinquième : Fais confiance à ton enfant. Dis-lui que tu as perdu le chemin de l'école et laisse-le t'y guider. Lorsque tu lui confieras le commandement, il te comblera de ses sentiments et de son bonheur. Il t'**éblouira par sa créativité**. Tu illumineras sa journée et aiguisera son appétit pour l'école. La confiance nous rend tous meilleurs et plus beaux.

Sixièmement : Sois à l'écoute de ton enfant. J'ai **déjà été témoin de dialogues incomplets entre des pères et leurs enfants. Donne-lui** une chance de s'ouvrir à toi. Un mot qu'il révèlerait parmi tant d'autres suffirait à le sortir de l'obscurité. Laisse-le finir ce qu'il a à dire. Tu n'arriveras nulle part tant que tu n'auras pas terminé le chemin.

Septièmement : Récompense ton enfant pour toute réalisation qu'il a accomplie. Une lettre qu'il a écrite, un arbre qu'il a dessiné ou un nuage qu'il a peint. Récompense-le par un câlin ou une « crème glacée », quelle que soit la récompense, elle le poussera **à** l'avenir **à écrire** une page, dessiner un jardin et peindre un ciel. Sois le soleil qui illumine son horizon et le pousse **à émettre** plus de lumière.

Investir dans la technologie est une nécessité, pas un luxe...   Mais avec contrôle, soins et attention... Afin que nous puissions échapper à son enfer et nous promener dans son paradis...

« Marchandisation » des enfants sur les réseaux sociaux

Jour après jour, nous rencontrons sur les réseaux sociaux un compte avec pour héroïne une enfant, dont la mère efface l'enfance, l'affable de tellement de produits de beauté qu'elle ressemble à une femme, se servant d'elle tantôt comme modèle, tantôt comme danseuse. Celle-ci attire des milliers de followers et parfois **même** des millions sur son compte en quête de publicité et d'argent, et quand la mère la démaquille pour récupérer son enfant, elle ne la retrouve pas. En effet, celle-ci est devenue une femme encerclée par les fans, la célébrité et la persécution. Elle n'accepte **désormais** ni l'école, ni ses professeurs, ni ses anciens camarades de classe, car cet endroit ne l'attire plus. Ce qui la tente maintenant c'est de faire des achats dans des lieux publics, de se pencher devant les caméras de selfie, cernée par le tumulte des acclamations et des flashs.

Et maintenant que ses visites publicitaires dans les magasins et les boutiques lui rapportent, **à** elle et à sa famille, des milliers de riyals, il devient difficile pour ses parents de la critiquer ou de la réprimander lorsqu'elle commet une erreur ou néglige ses études comme le reste de ses pairs. Elle est la poule aux œufs d'or qu'ils ne peuvent critiquer, au risque de l'empêcher d'apparaître en public, et mettre ainsi fin aux approvisionnements et aux dépôts financiers.

Les parents gagneront beaucoup d'attention, d'argent et de voyages nationaux et étrangers gratuits, mais ils perdront leur enfant et son innocence, la transformant ainsi en marchandise.

La popularité des enfants est terrifiante si elle n'est pas soumise à une légalisation et à un suivi. Hollywood regorge de leurs tragédies dont nous craignons la reproduction dans nos sociétés avec la propagation de ce nouveau phénomène. Beaucoup ont entendu parler des crises vécues par l'acteur Macaulay Culkin, « héros de la série de films Home Alone », qui a joué quand il avait cinq ans. Il a ensuite été dépendant de la drogue et a subi de nombreuses rechutes durant lesquelles il a failli perdre la vie. Il existe des centaines d'histoires similaires à celle-ci.

Jetez également un coup d'œil sur les commentaires concernant les jeunes danseuses et les « modèles ». J'ai été déchiré une fois en lisant un commentaire blessant sur une vidéo de l'une d'elle. Une telle insulte peut briser une personne mûre, que dire alors d'une jeune fille.

Il faut aussi se méfier et faire attention aux personnes pédophiles, car il se peut que nous leur offrions nos enfants sur un plateau d'argent. Ils peuvent les traquer et leur faire du mal.

Nous devons réfléchir mille fois avant de créer un compte ouvert et public pour nos enfants sur les réseaux sociaux. Nous devons réfléchir mille fois avant d'afficher leurs photos, comment les afficher et où les exposer afin de préserver ce que nous avons de plus précieux.

Investir dans la technologie est une nécessité, pas un luxe, mais avec contrôle, soins et attention, afin que nous puissions échapper à son enfer et nous promener dans son paradis...

Tu n'es pas incomplète pour chercher quelqu'un qui te complète

Tu es parfaite, même très parfaite... Si quelqu'un qui te mérite se présente, il est le bienvenu

Et s'il ne vient pas, tu resteras digne et précieuse avec et sans lui

Tu n'es pas incomplète

J'ai reçu un message sur mon compte «Snapchat» de la part d'une sœur vertueuse, dans lequel elle a écrit que Dieu lui avait tout donné ; la beauté, l'éducation, le travail et les bonnes mœurs. Mais elle avait plus de 30 ans et n'était pas encore mariée. Son célibat avait pris l'apparence d'un monstre rôdant devant sa maison ; c'est pourquoi elle ne sortait plus de chez elle pour ne pas l'affronter. Ce monstre s'incarne dans les gens et leurs regards, leurs déclarations et leurs allusions qui font de sa sortie un enfer. Même la fête est devenue un cauchemar car elle la met en confrontation directe avec ses adversaires où elle reçoit des flèches de toutes parts ; La fête se transforme en une hémorragie interne continue qui lui provoque de la douleur et détruit son bonheur ; En effet, l'hémorragie interne est plus mortelle que les larmes, et c'est la plus sournoise parmi les tueuses. L'expéditrice du message s'est retirée du monde ; Elle n'accepte plus les invitations et n'assiste plus aux événements. Son message m'a beaucoup blessé, c'est pourquoi j'ai décidé de le partager avec vous et d'y répondre sous vos yeux. Parce que je crois que cela ne concerne pas une seule sœur, mais beaucoup d'autres. Je lui ai répondu en public via mon compte « Snapchat », et je lui ai aussi écrit ceci : C'est bien de se marier, mais l'important c'est avec qui ? Ne laisse pas les propos des gens et les influences extérieures te faire pas tomber dans le piège et épouser quelqu'un qui n'est pas digne de toi... un mari qui te frustre et détruit tes **rêves**. Il vaut mieux ne pas se marier que d'épouser une personne pitoyable et misérable qui ne croit pas en ta valeur et en tes espoirs. Certains conjoints sont des obstacles qui se dressent sur ton chemin. Au lieu d'être une aide, ils deviennent un fardeau. Ils remplissent la vie de leurs **épouses** de cris, de violence et de stress. Les décisions inconsidérées ont des conséquences désastreuses. Ne prends pas de **décision sous pression**. Étudie chaque décision attentivement et lentement. Si tu décides d'acheter un bijou coûteux par exemple, tu hésites et réfléchis longtemps. Tu vas et tu reviens. Tu interroges et tu cherches. Il vaut mieux que tu prennes plus de temps avant de t'unir à quelqu'un. C'est ce qu'il y a de plus important, car il ne s'enroulera pas autour de ton poignet, de ton cou ou de ton oreille, mais t'accompagnera et te cernera partout. Peu importe ce que disent les autres, ma sœur. Quand la porte se refermera sur vous, tout le monde s'en ira et tu resteras seule avec lui. Personne ne te viendra en aide s'il te maltraite. C'est toi seule qui en subira les conséquences. Tu n'es pas incomplète pour chercher quelqu'un qui te complète. Tu es parfaite, même très parfaite... Si quelqu'un qui te mérite se présente, il est le bienvenu. Et s'il ne vient pas, tu resteras digne et précieuses avec et sans lui.

Les paroles négatives lors d'occasions heureuses ne sont ni utiles ni profitables, mais au contraire, elles frustrent et découragent, engendrent la tristesse et propagent le mécontentement.

Les voleurs de joies

Un collègue de travail nous a invités à un dîner à l'occasion de son déménagement dans la maison de ses rêves, dans laquelle il a dépensé tous ses biens ainsi que six années de sa vie. Après le copieux dîner que nous avons partagé ensemble, nous avons fait le tour des installations de sa nouvelle maison. Son bonheur jaillissait de ses yeux et de ses traits tandis qu'il nous expliquait tout en détail. Dans sa joie, il répondait à des questions que nous n'avions même pas posées. D'où il a acheté la céramique ? Comment la cuisine a-t-elle été aménagée ? Comment a-t-il trouvé l'architecte d'intérieur qui l'a aidé à meubler le salon et la salle à manger ? Comment a-t-il choisi le décor de plâtre qui orne les pièces principales ? La soirée a été agréable dans tous ses détails, à commencer par la maison, qui **a été conçue, finie et meublée avec succès**, se terminant par sa bienveillance et sa générosité. Le point noir de cette nuit a été l'intervention d'un ami avec qui cette heureuse occasion s'est achevée. Cet ami nous a surpris en étant très critique envers la maison lorsqu'il a souligné qu'il manquait une cave. Ce n'était pas une remarque de passage, mais un missile tiré en pleine face de notre hôte dans un langage cru et rude. Je m'en souviens exactement comme s'il l'avait fait exploser devant moi il y a quelques instants et non il y a des années, il a dit au propriétaire de la maison d'une voix forte et retentissante : « C'est dommage de dépenser tout cet argent sur une maison sans cave. Tu le regretteras beaucoup ». Sans s'arrêter là, il s'est mis à critiquer le type de climatiseurs qu'il avait achetés : « Ils ne dureront pas plus d'un an. Renseigne-toi avant d'acheter ». Dès que notre ami a lancé sa critique, le visage de notre hôte s'est transformé. La joie qui traversait ses traits s'est changée en tristesse. Certains sont doués pour gâcher les joies et en faire des chagrins, ils sont incapables de contenir leur négativité, peu importe la nature de l'occasion. Pendant les fêtes, les mariages et toutes les occasions heureuses, nous devons tous renoncer à nos critiques. Un seul mot négatif que nous prononçons suffit à détruire ces joies en quelques instants. Les paroles négatives lors d'occasions heureuses ne sont ni utiles ni profitables, mais au contraire, frustrent et découragent, engendrent la tristesse et propagent le mécontentement. Ne vole pas les joies des autres car nous en avons désespérément besoin. Garde mon ami tes critiques et tes paroles pour toi-même. Au lieu de les donner aux autres, investis-les pour développer tes propres capacités et ton potentiel. Choisis le moment propice pour critiquer et ne pollue pas l'atmosphère par tes phrases toxiques. Rappelle-toi que les paroles négatives blessent et nous font souffrir.

Les parents commettent un crime majeur en donnant à leurs enfants des tablettes électroniques sans contrôle ou surveillance.

Comment empêcher ton enfant de devenir indépendant des appareils intelligents ?

En janvier 2016, le British Daily Telegraph a publié un article sérieux sur la dépendance croissante des enfants aux appareils intelligents. En effet, la British Heart Association (BHF) a récemment annoncé que seul un enfant sur dix qui utilise des tablettes et des smartphones ne souffre pas de problèmes de santé, car l'utilisation excessive de ces appareils a doublé les maladies infantiles, affaiblissait leur vue, gâchant leur sommeil et augmentant leur obésité. D'autre part, Catherine Adair, chercheuse à l'Université de Harvard, a souligné que les parents commettent un crime majeur en donnant à leurs enfants des tablettes électroniques sans contrôle ou surveillance afin qu'ils puissent profiter de leur temps sans que ceux-ci ne les dérangent. Ils se débarrassent peut-être de leurs désagréments pendant quelques heures, mais s'épuiseront pendant des années à les soigner dans les hôpitaux. Nous sommes face à une génération sans précédent dont les problèmes n'apparaîtront qu'après des décennies. Les études divergent sur l'étendue des dommages psychologiques et sanitaires causés par les appareils intelligents, mais elles s'accordent sur la nécessité de faire face à cette dépendance, et voici quelques suggestions :

1-   Décision stricte : il ne faut pas donner à l'enfant

un appareil privé avant l'âge de 8 ans, car avant cet âge, il est difficile de négocier avec lui les horaires d'utilisation appropriées.

2-   Un contrat écrit : L'écrivain John Chase dit qu'il est important d'écrire un contrat avec votre enfant lorsque vous lui donnez un appareil, et vous devez y revenir à chaque fois que votre enfant le rompt. La question peut sembler amusante, mais elle a réussi avec John et d'autres, et permet d'apprendre à l'enfant le respect des contrats et des pactes.

3-   Une heure chaque jour : l'enfant est autorisé à utiliser l'appareil une heure après avoir terminé ses devoirs, et trois heures le week-end.

4-   Sois un modèle à suivre : La possibilité que le fils du fumeur devienne à son tour fumeur est très élevée. Si vous voulez que votre fils ne s'attache pas à ces appareils, ne les utilisez pas de manière excessive devant lui... Comment interdire une chose et la pratiquer en même temps ?

5-   Le contenu : Plus important encore que le temps que tu accordes à ton enfant pour utiliser l'appareil est de t'assurer que les jeux et programmes qu'il télécharge sont utiles, car il existe des programmes divertissants et riches, mais il existe aussi des programmes destructeurs et nuisibles, attention à ne pas donner à ton enfant la liberté de télécharger les programmes, le pouvoir est entre tes mains et tu es le premier responsable.

6-   Partager du temps avec lui : joue et participe à ses jeux avec lui, tout comme les appareils peuvent nous éloigner de nos enfants, ils peuvent **également** nous rapprocher d'eux.

Personne ne mérite de nous faire disparaitre et nous isoler, personne.

Le Très Miséricordieux, mon ami, nous a créés pour apparaître, briller et triompher.

Comment rencontrer quelqu'un qui vous a blessé ?

On se punit soi-même quand on s'abstient d'assister à un événement parce qu'un jour quelqu'un nous a blessé ou représente un mauvais souvenir, comme la mère d'une femme dont on s'est séparé, un cousin qui nous a offensé, un ami qui nous a trahi, ou un patron qui nous a fait du tort. Je connais exactement le sentiment que nous ressentons pour cette personne à l'intérieur de nous. Je le connais très bien et j'ai déjà gouté à son amertume. Mais croyez-moi, il est possible de surmonter ce sentiment contrariant. Je ne vais pas vous mentir et dire qu'il disparaîtra totalement, il persistera sous forme de cicatrice - souvenir de la blessure - et nous pouvons faire en sorte qu'il nous rappelle notre force et notre capacité **à** guérir de n'importe quelle douleur, celle-ci peut **éventuellement** se retourner vers celui qui a été injuste envers nous. Il y a plusieurs années, j'évitais de rencontrer le rédacteur en chef qui m'a viré de son journal parce qu'il considérait que je n'étais pas digne d'être journaliste. J'empruntais toujours un autre chemin si mon trajet exigeait que je passe devant l'immeuble dans lequel j'ai reçu la nouvelle de mon licenciement, même si l'autre chemin prenait davantage de temps et d'embûches. Le rencontrer ou tout ce qui se rapportait à lui me rappelait mon échec dans ce métier et me blessait. Cela a ébranlé ma confiance en moi ainsi que mon rêve. Mais après un moment, j'ai décidé de faire face **à** mes propres pensées de manière sérieuse. Je me suis dit : « Réveille-toi, qui est-il pour détruire mon rêve ? J'ai donc travaillé à développer mes capacités et j'ai poursuivi mes études jusqu'à ce que j'obtienne un doctorat en médias et que je trace mon chemin dans ce domaine. Dès lors, j'attends l'occasion de le rencontrer. J'assiste à tous les événements auxquels je suis invité avec un espoir même minime de l'y rencontrer. Et quand il est présent et tente de m'éviter, je fais tout ce qui est en mon pouvoir pour qu'il me voie et que je lui serre la main, même s'il fait un gros effort pour m'»ignorer». Je veux qu'il voie de l'ambition et de l'optimisme dans mes yeux, et je veux voir des regrets et des remords dans les siens. J'évoque cette situation chaque fois que quelqu'un me déçoit et m'oblige à ne pas le rencontrer, alors je me dis : « Abdullah, ne le laisse pas te vaincre. Viens et laisse-le voir ton sourire illuminer ton visage. Toi aussi tu peux en faire autant et plus encore si tu rencontres quelqu'un avec qui tu as un problème, mais n'oublie pas d'y aller muni de ton sourire.

Ta présence sera d'autant plus belle qu'elle sera accompagnée d'un éclat pour prouver à cette personne que tu n'as pas été brisé **à cause de** lui, mais que tu es devenu plus fort et brillant grâce à des succès dont il entendra parler et qu'il verra sur ton visage. Ne laisse personne te bloquer ou t'empêcher de réaliser ton ambition, ton **rêve et** ton **désir**. **Personne** ne peut t'arrêter à part toi-même. Si une expérience ou une parole arrive à te vaincre, tu deviendras prisonnier de ta solitude. Ta douleur s'intensifiera et tu ne voudras pas que quelqu'un te voie. Mais si tu te lèves et que tu surmontes ta tristesse, tu voudras conquérir le monde entier et que tout le monde puisse voir ton sourire rayonnant sur ton visage. Personne ne mérite de nous faire disparaitre et nous isoler, personne. Le Très Miséricordieux, mon ami, nous a créés pour apparaître, briller et triompher. Ne laissez personne enterrer tes **rêves**. Et rappelle-toi, les mauvaises personnes nous rendent toujours plus forts et meilleurs.

Cesse de te lamenter... et lance-toi pour réaliser ta victoire et la nôtre.

Comment devenir Saba' (lion) ?

Abdullah bin Khalil Al-Saba' est né en 1991, il a grandi dans une famille à revenu moyen composée de six sœurs et trois frères. Il s'est attaché très tôt à la technologie, mais n'avait pas assez d'argent pour acheter les appareils qu'il préférait. Il a donc travaillé sur l'acquisition d'appareils cassés et mis au rebut et essayait de les réparer. Les tentatives répétées lui ont permis d'en réparer plusieurs, de les utiliser, et parfois de les vendre. Il est devenu célèbre parmi ses pairs pour sa capacité à résoudre de nombreux dilemmes techniques facilement et à bas prix. Cependant, le problème résidait dans la réception et la livraison de ces appareils. La société Nada Al-Khayal, dans l'est de Riyad, a réalisé son talent et l'a nommé technicien de maintenance avec un salaire de 1 500 riyals. Ce salaire convenait très bien à un étudiant universitaire en comptabilité et représentait une solution pratique aux demandes de sa clientèle grandissante. Pendant que la plupart de ses collègues étaient allongés et passaient du temps dans les cafés, Al-Saba' travaillait à la réparation d'un appareil ou au développement d'un autre. Améliorant son talent et augmentant ses revenus. Immédiatement après le lancement de l'iPhone 5 par la société Apple, Al-Saba' s'est efforcé de démonter l'appareil et d'y activer la technologie 4G qui n'était pas officiellement lancée dans le Royaume à l'époque. Il a documenté cette expérience dans une vidéo qu'il a téléchargée sur YouTube. Celle-ci a été partagée par les utilisateurs qui ont loué ses capacités et ses compétences.

Le lendemain, cinq dirigeants d'une entreprise de télécommunications se sont réunis avec lui, et lui ont proposé une offre alléchante. Il a rejoint l'entreprise en tant que collaborateur jusqu'à l'obtention de son diplôme avant d'y être employé officiellement. Plus tard, il a démissionné et a travaillé dans une célèbre entreprise de technologie avec un salaire important, sans oublier ses contributions techniques et ses projets indépendants qui lui ont rapporté argent et appréciation. Il compte des milliers de followers sur toutes les plateformes sociales qui le considèrent comme l'une des ressources techniques les plus fiables. De plus, il est devenu l'invité permanent des plus importantes chaînes arabes d'analyse technique. Au cours de son ascension et de son épanouissement, il a contracté le vitiligo qui l'a presque tué. Comment allait-il faire face aux gens à présent ? Comment freiner son expansion ? Abdullah a finalement décidé de céder à la maladie et de s'isoler pour éviter la sympathie, la curiosité et les questions des gens. Lors d'une visite à l'hôpital, une mère en souffrance a sollicité son aide en lui disant : « Mon fils, tu es atteint comme mon enfant du vitiligo, parle-lui pour le convaincre de renoncer à son isolement et à son suicide. Peux-tu croire qu'il a essayé de se tuer plusieurs fois ? » Abdullah s'est empressé d'aller vers lui, l'a ramené à la vie avec son discours engageant, logique et plein de foi. Lorsqu'il a terminé son dialogue efficace, il s'est réprimandé en disant : « Apprends toi-même. » Non seulement ce dialogue a libéré le fils de ses chagrins, mais également Abdullah qui a retrouvé sa vitalité et sa confiance, et qui n'attachait plus d'importance à la maladie, croyant en la volonté de Dieu, armé de son talent et de sa confiance qui ont fait de lui une source d'inspiration pour beaucoup. Il est devenu une star et un influenceur qu'on désigne du doigt, dont tout le monde cherche à se rapprocher, et gérant de grands projets. Tout cela parce qu'il a transformé un défi en opportunité. Il était plus facile pour lui d'agir comme certains d'entre nous, s'ennuyer, se lamenter et faire profil bas, mais il a décidé de donner de l'espoir, de travailler et de briller.

Si tu désires anticiper l'avenir d'une nation, découvre la méthode de prise en charge de ses enfants

Que s'est-il passé lorsque ma fille s'est absentée pendant deux jours ?

Pendant mes études à Manchester, au Royaume-Uni, j'ai déménagé à Londres pendant une semaine pour mener des entretiens liés à mes recherches. Avant de partir, j'ai rempli un formulaire d'absence pour ma fille qui étudie dans une école de Manchester, joint à une lettre de mon superviseur, expliquant la raison de mon voyage de cinq jours et son importance pour mes recherches, et ce pour que l'administration de l'école me permette d'emmener ma fille avec moi. Il n'a pas été facile de convaincre ma fille de s'absenter à cause de la relation affective qu'elle entretient avec l'école, ainsi qu'avec ses camarades de classe anglaises. Cependant, j'ai insisté à ce qu'elle m'accompagne pendant mon voyage à Londres. Je me suis attendu à rencontrer des difficultés scientifiques pendant mon séjour à Londres, mais celles-ci étaient d'un autre ordre. L'école de ma fille m'a inondé d'appels, dont le premier provenait de son professeur qui s'informait de la raison de l'absence de ma fille. Je lui ai expliqué la raison, le fait que j'avais rempli le formulaire requis et l'avais remis à l'administratrice, elle a alors raccroché pensant que l'affaire était réglée. Cependant, ce n'était pas fini et ça ne faisait peut-être que commencer. Quelques minutes plus tard, l'administratrice m'a appelé et m'a dit fermement : « Oui, vous avez rempli le formulaire, mais nous n'avons pas accepté l'absence de votre fille. » Elle a indiqué que la direction de l'école avait envoyé un refus par la poste. J'ai tenté de lui expliquer que j'étais actuellement à Londres, que je n'avais pas pris connaissance de la réponse de l'administration de l'école, et que j'étais contraint de voyager pour terminer l'une des exigences de ma recherche. L'administratrice a commenté mon discours en disant : « Vous êtes obligé de voyager et de mener des entretiens pour votre recherche. Mais vous n'êtes pas obligé de l'emmener avec vous. Vous auriez pu laisser sa mère rester ici pour la conduire et la récupérer de l'école à votre place. » Elle a ensuite commencé à me donner des exemples de plusieurs mères divorcées qui emmènent leurs enfants à l'école tous les jours sans aucun problème. Elle m'a prodigué une leçon sur les alternatives appropriées. L'administratrice a conclu son long discours en m'avertissant que tout jour d'absence supplémentaire de ma fille m'exposerait à une amende et à une peine pouvant aller jusqu'à la prison car je privais ma fille de son droit à l'éducation et que lorsqu'elle serait plus grande, elle n'oublierait pas ce que je lui avais fait. Elle m'a dit que je regretterai beaucoup d'avoir mis ma fille en retard par rapport à ses camarades de classe, et qu'elle se sentirait rancunière et inférieure. J'ai essayé néanmoins de tenir le plus de réunions possible pendant deux jours à Londres. Ensuite, j'ai écourté mon voyage et je suis retourné à Manchester à cause des menaces de l'administratrice de l'école de ma fille et de ses propos qui ont perturbé mon voyage et m'ont fait perdre ma concentration. Je me suis imaginé escorté et emmené de mon appartement à la police, puis soudainement déporté vers mon pays natal. J'ai dessiné dans mon esprit l'image de ma fille, Kabira, retenant ses larmes à cause de son retard à l'école. Puis le troisième jour, je l'ai emmenée à l'école avec l'espoir de mettre fin à la colère, aux avertissements et à la frustration que je ressentais. Sauf que les pressions ont augmenté. La directrice de l'école a tenu une réunion avec moi en présence d'un conseiller de la mairie pour parler de l'absence de ma fille et de ses circonstances. J'ai assisté à cette réunion que la directrice a inaugurée par la lecture du règlement de l'école interdisant l'absence de tout élève sans excuse acceptable telle qu'un accident, un rendez-vous médical ou un rendez-vous officiel, puis elle a poursuivi en lisant la liste des sanctions et amendes infligées aux familles des élèves concernés. Une fois la réunion terminée, la directrice m'a informé que l'absence de ma fille pendant deux jours sans excuse affecterait le classement de l'école qui dépend de la régularité des élèves, des initiatives de l'école et des résultats de ses étudiants. La directrice m'a informé, en présence de la conseillère qui notait attentivement ce qui se passait lors de la réunion dans un cahier, que le règlement exigeait qu'une assistante sociale me rende visite dans quelques jours à la maison pour s'informer de l'environnement dans lequel vit ma fille ainsi que son adéquation avec les normes approuvées par le conseil municipal. La spécialiste est restée chez moi pendant environ une heure me comblant de questions. Ensuite, elle m'a demandé de m'absenter dix minutes pour avoir une conversation privée avec ma femme. Mon épouse m'a révélé plus tard qu'elle lui avait demandé si elle ou un membre de ma famille avait été victime de violence de ma part de quelque manière que ce soit. J'ai vécu des moments difficiles à cause de l'absence de ma fille pendant seulement deux jours. Il se peut que la manière et la méthode d'éducation en Grande-Bretagne diffèrent des autres pays étrangers, mais nous sommes d'accord sur le fait qu'ils ont réussi à attribuer à l'école une grande valeur. Pas de laxisme envers les retards ou les absences, quoi qu'il arrive, alors que dans nos pays, les élèves s'absentent environ une semaine avant les examens, sans que leur absence ne provoque aucun souci. Si tu désires anticiper l'avenir de n'importe quelle nation, découvre la méthode de prise en charge de ses enfants. Celui qui prend bien soin des graines récoltera des fruits très savoureux.

Ne tardez pas à répondre aux invitations de vos amis et de vos proches...

Le temps n'est pas aussi généreux qu'on l'imagine...

Le travail et les préoccupations ne prendront jamais fin, à l'inverse de nous et d'eux...

Et quand ils partiront, nous serons rongés et dévastés par le regret et la tristesse...

Ne répétez pas mon erreur

Il y a plusieurs années, Dieu m'a béni en m'accordant l'amitié d'un journaliste distingué nommé Khaled Al-Tuwaili. Il était doté d'un haut sens de professionnalisme, de sérieux et d'enthousiasme, et surtout, de détermination et de persévérance. Sa situation personnelle l'a empêché de terminer plus tôt ses études en licence. Cependant, il a obtenu un bon emploi grâce à ses compétences et a poursuivi ses études tout en travaillant. Il parlait de ses études avec beaucoup de passion et d'amour, malgré tous les grands défis auxquels il était confronté et qui entravaient sa carrière scientifique. La plupart des collègues ont parié qu'il serait incapable de concilier travail, famille et études car la passion seule ne suffit pas pour réussir dans tous ces domaines. Cependant, Khaled a prouvé qu'ils avaient tous tort et que lui seul avait raison. Il a obtenu son diplôme avec grande distinction. Puis il s'est présenté pour étudier une maîtrise, le torse bombé et armé d'une volonté de fer, il s'est plongé dans la recherche. Tous les dialogues qui nous réunissaient étaient désormais majoritairement centrés sur un axe, celui des références et des études sur lesquelles il travaillait. Après avoir été transféré dans une autre région de travail, il m'a invité à prendre un café pour parler d'un livre qu'il avait l'intention de publier, inspiré de son mémoire de maîtrise. Mais mon immersion dans le travail et mon déménagement ont reporté cette réunion. Plus tard, j'ai reçu de mauvaises nouvelles d'après lesquelles notre bien-aimé Khaled était atteint d'une maladie incurable. Par la grâce de Dieu, j'ai pu lui rendre visite à l'hôpital. Son état de santé était très triste, mais son moral était très élevé. J›ai essayé de me racheter en lui posant des questions sur son livre afin que nous puissions en discuter tout en étant à l'hôpital, il m'a souri et a dit d'une voix basse semblable à un chuchotement : « Abdullah, malheureusement, je ne peux plus tenir un stylo ni même lire correctement maintenant. Parlons-en plus tard, si Dieu le veut. Prie pour moi ». Je l'ai quitté avec un chagrin grandissant. Quelques jours plus tard, j'ai appris la nouvelle de son décès. Khaled est mort à l'aube de ses rêves. Il est parti alors qu'il s'apprêtait à accomplir tant de choses. J'étais très triste de son décès, et de ne pas avoir répondu tôt à son invitation pour parler de son livre. Je pensais que nous aurions assez de temps pour parler et nous rencontrer, mais il n'y en avait pas vraiment assez. L'expérience de Khaled, que Dieu lui fasse miséricorde, m'a appris une grande leçon, j'espère que vous et moi en profiterons. Ne tardez pas à répondre aux invitations de vos amis et de vos proches. Le temps n'est pas aussi généreux qu'on l'imagine. Le travail et les préoccupations ne prendront jamais fin, à l'inverse de nous et d'eux. Et quand ils partiront, nous serons rongés et dévastés par le regret et la tristesse. Ne répétez pas mon erreur et mettez vos proches et vos amis sur votre liste de priorités.

Quand tu ressens la valeur des choses, elles s'illuminent

Les âmes pures ne sont pas douées pour faire des adieux

Pourquoi certains d'entre nous prennent-ils davantage en considération les sentiments de leurs patrons au travail ou de leurs professeurs à l'université que ceux de leurs partenaires de vie ou de leurs frères et sœurs ? Peut-être parce que nous aimerions les impressionner et obtenir une promotion ou des notes supplémentaires, alors que nous pensons que notre entourage est gagné d'avance et n'a pas besoin de nos sentiments.

Ne t'habitues pas à une personne au point de la considérer comme ta propriété. Nous ne possédons personne. Aies toujours l'impression qu'elle pourrait te quitter ; Fais tout ce qui est en ton pouvoir pour la dissuader de partir. Ceux qui sont autour de toi aujourd'hui n'y seront peut-être pas demain. Les âmes pures ne sont pas douées pour faire des adieux. Elles partent sans préavis.

Ne lésine donc pas sur tes paroles, tes caresses, ton attention et tes cadeaux envers eux, ils en sont prioritaires. Accorde-leur tes moments et tes soins et donne l'excédent aux autres.

Nous voulons toujours des choses nouvelles et passionnantes, c'est très beau, mais nous devons pleinement réaliser que les choses les plus précieuses sont celles que nous possédons, et le fait qu'elles soient à notre portée et proches de nous ne signifie pas que nous ne les perdrons pas. Au contraire, elles disparaissent progressivement sans que nous nous en apercevions. Nous devons pressentir le danger de notre négligence et de notre insouciance avant qu'il ne soit trop tard. Nous en avons encore l'opportunité, tâchons de ne pas la manquer.

Le bonheur ne vient pas des choses que nous désirons, mais de la reconnaissance, de l'appréciation et de la gratitude pour ce que nous avons déjà. Quand tu ressens la valeur des choses, elles s'illuminent.

Profite des petites choses de la vie car tu te rendras compte trop tard -malheureusement - qu'elles **étaient** en fait très grandes.

Prends par exemple du plaisir à siroter un thé avec ta mère sans prendre ton **téléphone** avec toi. Fais confectionner une tenue pour ton **père** de sa couleur préférée. Invite ta **sœur à prendre une tasse de café dans un** endroit qu'elle aime. Envoie une lettre de remerciement à un collègue dont tu as appris. De petits gestes comme ceux-ci les rendront, ainsi que toi-même, très heureux. Un large sourire se dessinera sur ton visage et un autre énorme dans ton cœur. Fais-le aujourd'hui, n'attends pas demain, car ils méritent ton amour, tes sentiments et ton temps. Leur gratitude nous élève et leur sourire nous comble.

Nous n'avons pas besoin de grand-chose pour laisser une trace. Il s'en faut de peu pourrait faire la différence.

Un paquet d'eau

Un de mes collègues estime que durant cette année qui est sur le point de se terminer, il a réalisé ce qu'il n'a pas pu faire durant toutes les années précédentes. En effet, il a connu de nombreux succès à tous les niveaux, et a considéré que sa plus grande réussite était une petite initiative qu'il avait prise spontanément au milieu de l'année, et qui lui a apporté un bonheur continu. Cette initiative consiste à avoir acheté un petit paquet d'eau dont la valeur ne dépasse pas 20 riyals et à l'avoir offert au gardien de sécurité de l'entreprise où il travaille. Muhammad indique qu'il a l'habitude d'acheter deux paquets d'eau chaque mois et les mettre dans son bureau afin que lui et son collègue en boivent pendant environ un mois. À une occasion, il a décidé d'ajouter un troisième paquet pour le donner au gardien de sécurité qui l'accueille et lui dit au revoir gentiment tous les jours. Mohammed se souvient des sentiments chaleureux du gardien dès qu'il lui a présenté le petit paquet. Il l'a reçu avec chaleur et bénédiction, répétant : « Que Dieu t'accorde le succès dans ce monde et dans l'au-delà. » Et il ne s'est pas contenté de cela, il s'est mis à soulever la bouteille d'eau tout en souriant à chaque fois qu'il le voyait entrer et sortir, en signe de gratitude pour son geste remarquable. La réaction positive a incité mon collègue à répéter cette initiative tous les mois. Il affirme que son bonheur mensuel dépasse de loin celui du gardien. Tout comme Muhammad m'a parlé de son expérience spontanée, il en a fait de même avec les autres collègues qui l'ont félicité pour son idée et s'en sont inspiré. Ainsi, l'un d'eux a acheté une veste pour l'employé de la cafétéria de l'entreprise, un autre a remplacé les tapis de la chapelle, quant au troisième, il a acheté des livres et les a placés sur les bureaux de quelques collègues. Muhammad estime que l'attitude contagieuse qui a touché ses collègues à la suite du petit paquet qu'il a donnée au gardien de sécurité lui a fait sentir que cette année était l'une des plus efficaces et les plus productives de sa vie. Il dit : « Mon humeur s'est beaucoup améliorée, et mon moral s'est reflété sur ma performance. Le don engendre le don. »

Souviens-toi, mon ami, que tu quitteras un jour ton travail, ta position, tu quitteras même ce monde, et seule la trace que tu as laissée persistera. Fais donc en sorte que cette trace soit comme un parfum. Tu partiras et les autres se rappelleront de toi à chaque fois qu'ils sentiront un parfum comme le tien. Nous n'avons pas besoin de grand-chose pour laisser une trace. Il s'en faut de peu pour faire la différence.

L'envie de partir est nocive si nous lui permettons de résider dans nos têtes car elle nous transforme en machines dépourvues de sentiments et de créativité. On arrive pour exécuter des travaux mécaniques sans aucun sentiment.

L'envie de partir

Il y a quelques années, les performances d'un de mes collègues ont considérablement diminué. Il n'était plus le travailleur plein d'entrain, ambitieux et enthousiaste. Son air jovial et son sourire se sont transformés en un froncement de sourcils et en une moue. Il était devenu le dernier à venir travailler après avoir été le premier à se présenter et le dernier à partir. Nous avons d'abord pensé qu'il traversait un problème familial ou un souci de santé temporaire qui perturbait sa vie et affectait ses performances. Mais nos spéculations ont été rapidement dissipées après avoir enquêté et découvert que tous les indicateurs apparents n'étaient pas préoccupants.

Le problème est que le changement négatif qui s'est produit chez notre collègue n'a pas été de courte durée et a persisté environ deux ans. Plus tard, il a quitté son travail et en a débuté un autre. Peu de temps après, il a repris goût à la vie et le sourire a de nouveau illuminé son visage après une longue disparition.

Notre collègue de l'époque a été atteint d'une condition qui a bouleversé toutes ses ambitions, son enthousiasme et son appétit, c'est ce qu'on appelle l'envie de partir. En effet, il a été affecté par cette condition dangereuse qui signifie le refus du milieu dans lequel il vit, son incapacité à s'y adapter et son désir effréné de le quitter au plus tôt.

Certains d'entre nous vivent ou ont déjà vécu cette

situation. Ceux qui y font face avec déni et restent sur place sans partir commettent une erreur, ce qui aggrave les pertes et augmente les frustrations et les défaites qui laissent de nombreuses victimes, chagrins, blessures et remords. L'envie de partir est nocive si nous lui permettons de résider dans nos têtes car elle nous transforme en machines dépourvues de sentiments et de créativité. On arrive ici pour exécuter des travaux mécaniques sans aucun sentiment. Si cette sensation t'envahit, c'est une sonnette d'alarme t'indiquant que tu es au mauvais endroit ou avec la mauvaise personne. N'y reste pas trop longtemps. Trouve une autre destination qui te convient avant que cette humeur ne prenne le dessus sur toi, ne te vole tes rêves et ton bonheur et ne te transforme en machine qui ne connait que la colère et la souffrance.

Tourne-toi vers ceux qui aspirent à lire ne serait-ce qu'une lettre que tes doigts tracent. Beaucoup espèrent entendre ta voix, donne leur ton **cœur** et ton **âme**.

Il n'est plus à toi

Je m'étonne du comportement de certains d'entre nous qui se ruent pour communiquer avec des gens qui les ignorent. Celui qui ne répond pas à tes appels, messages et préoccupations, est en train de t'envoyer un message direct qui dit : « Tu ne fais pas partie de mes priorités ». Je ne parle pas d'une situation passagère ou d'un unique appel. Je parle d'expériences différentes et accumulées que tu as vécues avec cette personne, et qui t'ont conféré le sentiment grandissant d'être ignoré, car après lui avoir donné plus d'une chance il n'est pas revenu vers toi. La vérité est qu'il n'est plus à toi. Tu dois préserver ce qui reste de ta dignité, sortir de son chemin et te tourner vers ceux qui aspirent à lire ne serait-ce qu'une lettre tracée par tes doigts. Beaucoup espèrent entendre ta voix, donne leur ton cœur et ton âme.

Il ne fait aucun doute que beaucoup de nos proches sont occupés et épuisés, et nous devons les excuser s'ils manquent à communiquer de manière constante ou d'être présents de manière fréquente en raison de leur situation, mais un bref message n'entravera pas leurs projets et leur vie, mais permettra plutôt leur évolution et leur succès. Et un appel ne leur fera pas de mal, mais les rendra plutôt heureux et leur remontera le moral si tu occupes une place dans leurs cœurs.

Au beau milieu du travail et du rude voyage pour gagner notre vie, nous pouvons trouver très difficile de rester près de nos proches, mais nous vérifions toujours nos téléphones et recherchons leurs messages, nouvelles, lettres et photos. Leur répondre ne nous dérange pas, mais au contraire, nous rend heureux. Peut-être que nous ne pouvons pas leur donner l'expression de nos sentiments et l'affection qu'ils désirent, mais nous ne pouvons pas aussi leur imposer l'indifférence et l'absence, non seulement pour leur bien-être, mais pour le nôtre également, car notre interaction avec eux nous permet de briller, nous illumine et ne nous préoccupe pas. En effet, le respect ne peut pas coexister avec la négligence. Celui qui t'aime trouvera du temps pour toi. C'est une bonne chose d'excuser une, deux ou même trois fois. Mais si ton destin est d'être exclu pour toujours, tu devras tourner le dos et chercher quelqu'un qui mérite ton parfum et ton sourire.

Sois sûr que quiconque souhaite te garder dans son entourage ne te **lâchera pas**, il s'accrochera à toi de mille façons. Celui qui t'aime ne se détournera pas de toi, mais au contraire se rapprochera davantage.

La maladie n'est pas une honte...

Mais le mensonge et la tromperie le sont...

Son cousin

La sœur de mon collègue a été demandée en mariage par son cousin. Ses parents ainsi que la jeune fille n'ont pas hésité à accepter en raison de sa proximité, de sa réputation et de son travail convenable. Quatre mois plus tard, ils se sont mariés et sont partis en lune de miel. Àleur retour, la sœur de mon collègue ne s'est pas rendue dans sa maison familiale. Elle inventait à chaque fois une excuse. Elle leur manquait tellement qu'ils essayaient de lui rendre visite, mais elle refusait sous prétexte que l'appartement était trop étroit et l'ameublement incomplet. Ils se sont soumis à la réalité, d›autant plus qu›il n›y avait pas lieu de s'inquiéter. Leur fille allait bien et communiquait avec eux constamment par téléphone. Un mois et demi après son retour, la famille s'est à nouveau réunie. Leur empressement à rencontrer leur fille proche, en même temps éloignée, les a incités à l'attendre dans la cour de la maison. Dès qu'elle est entrée, elle s'est prosternée en louange à Dieu. Avant que ses proches ne se préoccupent d'analyser les raisons de la prostration, elle a serré sa mère dans ses bras en criant : « Dieu soit loué, je suis sortie de sa prison. C'est un malade mental maman. Il prend beaucoup de médicaments et me bat. Je ne veux pas rester avec lui un jour de plus. Je l'ai supplié de me laisser vous rendre visite et il a refusé, puis finalement il a été convaincu après que je lui aie baisé le pied. Il m'a insulté et torturé ».

Il n'y a rien de pire que de commencer sa vie par un

mensonge. Déclare ta maladie et ta souffrance avant de t'unir à une fille, et crois-moi, elle te prendra par la main et t'aidera, mais si tu lui mens, elle sera rebutée par toi et votre vie commencera par une crise qui pourrait la submerger. Elle ne te fera plus jamais confiance et votre vie s'effondrera.

Un de mes amis raconte que sa mère voulait qu'il cache son diabète à la famille de la fille qu'il avait demandée en mariage, de peur d'être rejeté. L'idée ne lui a pas plu du tout, il a été honnête avec elle et l'a épousée. Dès lors, elle a été son meilleur soutien.

Il y a des défis chroniques qui jouent un rôle central dans ta vie et celle de ta partenaire que tu n'arrives pas à surmonter, et que tu ne peux pas laisser au temps. Tu dois les affronter avec sérénité et confiance. La maladie n'est pas une honte, mais le mensonge et la tromperie le sont. Qu'attends-tu d'une personne qui te ment avant même de commencer ta vie avec elle ? Tu douteras certainement de toutes ses paroles et actions. Toutes ses déclarations seront source de soupçon et d'appréhension. L'honnêteté est salvatrice. Elle te permettra d'avoir toujours la **tête** haute, alors que mentir te fera toujours baisser la tête pour fuir les regards des gens, surtout des plus proches de toi s'ils persistent à le faire.

Ne pas déclarer tes maladies physiques et mentales est une tromperie qui peut te sembler anodine au premier abord, mais c'est un tourbillon qui t'engloutira et te ravagera. Elle semble petite, mais elle va grandir, s'intensifier et te détruire. Et au lieu de la dévoiler à quelques-uns, elle se répandra, s'aggravera et t'encerclera. Elle fera de toi un grand manipulateur et en menteur. Tout le monde sera **dégoûté et se détournera** de toi.

Notre récompense tarde parfois à venir... mais quand elle arrive, elle est splendide.

La douceur du café réside dans son amertume

Le mariage n'est pas une course

Lorsque ta petite sœur se marie avant toi, cela ne signifie pas du tout qu'elle est meilleure que toi. Chaque retard porte en lui un bénéfice. Le retard de ton union avec un partenaire peut te donner plus de capacité à choisir efficacement. Plus nous vieillissons, plus notre efficience décisionnelle est élevée. Ne te sens pas triste parce que tu ne t'es pas mariée avant elle, sois heureuse pour elle. Ne laisse pas la tristesse t'atteindre sauf lorsque tu commets l'erreur de t'unir avec la mauvaise personne suite à une décision hâtive et émotionnelle. Attention à ce que le mariage de ta sœur cadette ne te pousse à prendre une décision malavisée. Ne prends pas de décisions sous l'influence de la pression et des émotions. Le mariage n'est pas un vêtement que tu choisis au magasin et que tu rends quand il ne te convient pas. Il s'agit d'une décision importante qui implique une série de résolutions cruciales et sensibles, nécessitant une longue et profonde réflexion, un conseil et une consultation. Le mariage est sans aucun doute une étape importante pour nous tous, mais ce qui est plus important que le mariage, c'est de choisir le bon partenaire. Le mariage est la tradition de la vie, mais ce n'est pas toute la vie. Tu n'es pas responsable du retard. Peut-être que celui qui te mérite et qui est digne de ta proximité et de ton parfum ne s'est pas encore présenté. Cependant, tu es entièrement responsable de ton avenir et de ton bonheur, ne les relie pas à un homme, mais à un travail assidu pour développer tes capacités et tes compétences afin d'exceller, de te surpasser et de t'élever, et c'est alors que les hommes viendront à toi. Tu n'es pas une actrice secondaire qui appuie et soutient la star. Tu es une héroïne, et ce grand rôle ne dépend pas des autres autant que de ta stature, de tes capacités et de ta compétence que tu acquiers par tes efforts et ta persévérance. Et rappelle-toi que comme il y a des femmes mariées heureuses, il y a aussi des femmes célibataires très heureuses qui réussissent dans la vie. Fais de ton succès scientifique, pratique et humain ta priorité, et Dieu te surprendra par des récompenses dont tu n'as jamais rêvé. Les regards de pitié ne seront dirigés vers toi que lorsque les autres ressentiront ta faiblesse et ton impuissance. Montre ta force à travers tes réalisations, ton raisonnement et ton occupation, et tout le monde enviera la profondeur de ta pensée et ta créativité, et voudra simplement être proche de toi. Le mariage n'est pas une course où le premier qui se marie gagne, il va peut-être perdre. Notre récompense tarde parfois à venir, mais quand elle arrive, elle est splendide.

De simples choses que nous faisons pour les autres et qui changent leur vie...

Le parfum de la Mecque

Je suis arrivé chez le caissier dans un café de Barcelone après une longue attente dans une file qui s'allongeait et s'agrandissait comme un énorme serpent. Lorsque je me suis approché de lui, je me suis senti ravi, comme si j'avais gagné un grand prix. Il m'a accueilli et m'a demandé le type de café que je voulais ainsi que mon nom pour l'inscrire sur ma tasse, et appeler son collègue quand il aurait fini de le préparer. Alors qu'il peinait à écrire et épeler mon nom, un homme qui était non loin de moi s'est retourné. Élégant et portant des lunettes. Ses traits indiquaient qu'il avait la cinquantaine et il paraissait arabe. Il m'a fait un signe de la main avec un sourire et m'a dit : Bienvenue, serviteur d'Allah. Je l'ai salué et me suis dirigé vers la salle d'attente des commandes. Il m'a suivi après avoir choisi le café qu'il voulait. Et il m'a demandé : es-tu saoudien ? Quand je lui ai répondu, il s'est mis à pleurer abondamment. Il m'a dit qu'il avait vécu une expérience inoubliable avec un saoudien. Il se souvient : « Je vivais dans des conditions financières difficiles il y a environ 20 ans. Mon cousin m'a conseillé d'aller devant un célèbre hôtel près de la Place de Catalogne, habité durant l'été par de riches touristes arabes et du Golfe, il m'a demandé d'arrêter certains d'entre eux et de leur expliquer ma situation, et a dit qu'ils m'aideraient. » En effet, il a suivi les conseils de son cousin et s'est précipité vers l'hôtel en question. Plus d'une semaine s'est écoulée sans qu'il ne reçoive un réel soutien. La plupart ne l'écoutaient pas et lui tournent le dos dès qu'il commençait à leur demander quelque chose. Tout ce qu'il a pu collecter en restant debout durant plus de deux semaines ne suffisait pas à acheter deux repas. Un jour, un vieil homme saoudien lui a permis de lui parler. Il l'a écouté jusqu'au bout. Et après avoir fini de parler, il lui a dit : « Mon fils, je ne te donnerai pas d'argent. Je suis réticent à l'égard des jeunes qui tendent la main. Je te donnerai quelque chose qui vaut plus que l'argent. Je vais t'acheter un appareil photo instantané et tu me promets par écrit que tu ne le vendras pas, et si tu le fais, tu dois me le rembourser. Prends les touristes arabes en photo avec cet appareil devant l'hôtel pour de l'argent et dis du bien de moi. Tu n'auras plus besoin de moi ni de personne d'autre à l'avenir. Kamal a alors commencé sa nouvelle carrière aux portes des grands hôtels de Barcelone. Il a commencé à gagner de l'argent. Le rendement a augmenté après une courte formation en photographie et acidification qu'il a suivie, l'aidant à comprendre les origines de ce métier. Après un certain temps, il a ouvert son propre studio pour la photographie et le développement de films, avec l'aide d'un parent et d'un prêt bancaire. En conséquence, il a réalisé d'énormes gains. Plus importantes que les profits matériels étaient les bonnes relations qui l'unissaient aux hommes d'affaires arabes et aux fonctionnaires du gouvernement qui visitaient Barcelone et l'engageaient parfois comme traducteur pour de grosses sommes. Kamal a quitté le métier de photographe et travaille actuellement dans un bureau affilié au Département espagnol de l'immigration à Madrid, mais il se souvient encore du Dr Muhammad Al-Ghamidi qui lui a offert un appareil photo et une nouvelle vie. Il m'a salué en disant : « Je vous aime, ô parfum de La Mecque.

De simples choses que nous faisons pour les autres et

qui changent leur vie. Dr Muhammad a fait une grande œuvre il y a 20 ans dont l'effet persiste toujours jusqu'à ce moment. Vous et moi sommes capables de laisser derrière nous un parfum qui ne sèche jamais grâce au soutien, aux encouragements ou même à un sourire.

Dieu a honoré notre nation, nos dirigeants et notre peuple, par le privilège de servir les deux saintes mosquées et par le lien que nous entretenons avec elles. Qu'Allah nous accorde ainsi qu'à vous une œuvre digne de leur éclat.

La nature de notre activité ainsi que la liste des personnes que nous suivons sur les réseaux sociaux détermine qui nous sommes et où nous allons...

Dis-moi qui tu suis sur les réseaux sociaux je te dirai qui tu es...

Le bouton de sauvetage

Il n'est pas rare d'entendre tes collègues et amis dire que les réseaux sociaux ont un impact négatif et frustrant et regorgent d'accusations et d'insultes. Cela n'est pas faux, mais nous sommes responsables de l'environnement virtuel que nous critiquons et déplorons, car nous même choisissons la liste d'amis qui nous inondent de soucis et d'insultes. Quand nous suivons ce type d'utilisateurs, nous nous punissons nous-mêmes et les récompensons. Nous voyons défiler devant nous les pires termes et expressions sans avoir commis aucune faute pour le mériter. Notre vie réelle est déjà pleine de défis et de souffrances et nous n'avons pas besoin de nouvelles douleurs qui nous blessent et nous polluent la vie. Un de mes chers amis avait une vie sociale **épanouie**, nous nous contactions par téléphone et sortions lorsqu'il avait du temps, mais lorsqu'il s'est immergé dans les réseaux sociaux, il se dirigeait de plus en plus vers l'isolement social. Il ne sortait plus de chez lui que rarement, en plus de son comportement qui a commencé à changer progressivement jusqu'à devenir plus acharné et extrême dans ses débats. Je pensais être le seul à avoir été affecté par sa nouvelle personnalité mais j'avais tort, car même la relation de mon ami avec les autres s'est dégradée et a dégénéré. Pire que cela, il a également été altéré au niveau pratique par ce nouveau comportement qui s'est reflété sur les différents aspects de sa vie. En effet, il commençait à attaquer son patron et ses collègues via son compte « twitter » ce qui a eu un impact négatif sur son ambition de travail dans l'entreprise dans laquelle il travaillait.

À l'aide d'amis en commun, nous lui avons révélé notre inquiétude concernant son avenir après avoir été francs avec lui vis à vis de la réalité qu'il vivait, il a réagi de manière positive face à nos conseils, et nous avons remarqué une nette amélioration de son état d'esprit, ainsi que sa relation avec nous durant quelques mois. Ce changement a coïncidé avec son abstention de participer à certains « hashtags » négatifs et à son suivi de certains comptes qui méprisent la vie et alimentent le pessimisme. J'ai été convaincu après la transformation radicale subie par le comportement de mon ami que la nature de notre activité et la liste de ceux que nous suivons déterminent qui nous sommes et où nous allons. Dis-moi qui tu suis sur les réseaux sociaux je te dirai qui tu es. Ainsi mon ami, si tu sens que tu es de plus en plus nerveux, pessimiste et triste, ne blâme pas ta famille ou ton épouse, car ce sont toujours les mêmes personnes que tu as aimées jadis, elles n'ont pas changé. C'est plutôt toi qui a changé de comportement à cause du monde virtuel qui détruit ta vie et ruine tes belles relations avec tes vrais amis. Afin de pouvoir vivre la vie dont tu es digne, tu n'as qu'à appuyer sur le bouton «ne plus suivre » (unfollow) pour tous ceux qui te privent de lumière et remplissent ton monde d'obscurité.

S'adonner aux apparences trompeuses nous prive du plaisir de respirer l'émerveillement qui émane des visages d'enfants, des sourires de nos proches et du parfum qui habite les rides de nos mères, pères et grands-pères.

«Wabi Sabi»

Durant mes études en Amérique, j'ai vécu près d'un homme japonais plaisant. Plus d'une fois, il m'a invité dans son appartement, et j'ai été frappé par la taille et le nombre d'ustensiles antiques empilés dans son appartement. La curiosité me poussait à lui demander le secret de ces ustensiles, mais j'empêchais le flot des questions de se déverser. J'ai perdu patience quand il m'a servi de la nourriture dans un bol antique. La question a jailli de ma langue sans permission : « Pourquoi possèdes-tu ces vieux ustensiles ? Sont-ils présents partout ? » Il m'a répondu en souriant et en tenant l'un d'eux dans ses mains : « Abdullah. Les vieux ustensiles occupent une place particulière chez moi. La plupart des choses que tu vois et touches maintenant ont été utilisées par mes grands-parents. Beaucoup de mes compatriotes pensent que plus l'ustensile vieillit, plus il prend de la valeur et plus la nourriture qu'il contient devient délicieuse ». Sa réponse précédente ne pouvait tomber plus juste, mais il ne s'en est pas contenté. C'était comme si je lui avais ouvert une fenêtre qu'il attendait que j'ouvre depuis une éternité. L'empêchement de parler de ces ustensiles semblait presque l'étouffer. Mon voisin a ajouté que ces ustensiles lui confèrent la paix et le réconfort et lui rappellent toujours que plus les choses vieillissent plus elles brillent. Puis il a retiré de l'étagère de sa petite bibliothèque un livre en anglais qui parle de la philosophie japonaise « wabi-sabi », cette philosophie renforce le concept de la beauté des choses simples et même usées, ce qui est clairement incarné dans ces ustensiles. Le Wabi sabi repose sur trois éléments principaux :

Premièrement : Rien n'est complet.

Deuxièmement : Tout change, se modifie et ne reste pas tel quel.

Troisièmement : Rien n'est parfait.

Cette ancienne philosophie japonaise est aujourd'hui devenue une philosophie adoptée par de nombreuses personnes dans le monde, à l'est comme à l'ouest, car elle voit la beauté dans la simplicité, le naturel et la spontanéité.

Cette acceptation nous fera goûter la beauté des petites choses, profiter du moment, et ne pas nous encombrer de soucis qui nous blessent et détruisent nos vies sans que nous puissions profiter et briller, en plus de voir la richesse et le charme dans la vieillesse.

S'adonner aux apparences trompeuses nous prive du plaisir de respirer l'émerveillement qui émane des visages d'enfants, des sourires de nos proches et du parfum qui habite les rides de nos mères, pères et grands-pères.

En outre, la superficialité qui nous encercle maintenant nous poussera à embrasser tout ce qui nous fait illusion à la beauté, même si s'il s'agit de quelque chose de faux, de futile, d'artificiel et d'irréel.

La beauté découle du sentiment de beauté. Ainsi, si

tu ne ressens pas la beauté abondante qui t'entoure, tu ne seras jamais beau quoi que tu fasses ou entreprennes.

Rappelle-toi, mon ami, qu'en vieillissant, tu deviens plus sage, plus expérimenté et plus mature. Plus capable de t'exprimer et de diffuser ton parfum.

La chaîne qui nous n'aimons pas, il faut la changer, et profiter de ce qui nous plaît et nous rend heureux.

Le remède est entre tes mains, alors pourquoi choisir la misère ?

La télécommande est dans ta main

Certains d'entre nous souffrent de la façon dont une personne les traite, suscite leur **détresse et enflamme** leur colère avec son comportement, son attitude et son sarcasme. Si tu as essayé à plusieurs reprises d'exprimer ton indignation avec bienveillance face à son comportement à ton égard, et que ton appel n'a pas été entendu, que ta souffrance persiste, alors tu n'as qu'un seul choix : la « télécommande » est dans ta main, change de chaine. Éloigne-toi de lui. Cette vie ressemble à un écran géant diffusant de nombreuses chaines. Certaines nous conviennent et d'autres pas. Nous en avons le contrôle. La chaîne que l'on n'aime pas, il faut la changer, et profiter de ce qui nous plaît et nous rend heureux. Le remède est entre tes mains, alors pourquoi choisir la misère ? Certaines personnes sur les réseaux sociaux nous agacent, absorbent notre énergie et polluent notre humeur par leurs publications, commentaires et réponses. La différence est saine et belle. Mais si notre endurance est faible, que leurs paroles provocantes commencent à nous épuiser, nous devons donc nous rappeler que la décision est entre nos mains. La télécommande est dans ta main. Ne les suis plus. Éloigne-toi d'eux. Privilégie ton bien-être. Crois-moi, tu te plaindras moins d'eux et tu trouveras de meilleures options que tu n'as pas pu apprécier plus **tôt parce que** tu étais occupé par des chaînes qui t'ennuient et te dérangent. Mon ami, le choix t'appartient. C'est toi qui te fais du mal, pas eux. Il ne fait aucun doute qu'il y a des proches qui interfèrent dans notre existence et l'envahissent et portent atteinte à notre vie privée. As-tu tout tenté ? As-tu essayé de dialoguer et de discuter gentiment avec eux, mais tes efforts ont échoué ? Quelle est la solution ? Limite simplement le temps que tu passes avec eux. Tes pieds obéissent à tes ordres. La télécommande est dans ta main. Un groupe dans l'application «WhatsApp» te provoque une montée de pression et une baisse de moral à cause d'arguments inutiles qui entraînent des conflits et des disputes personnelles. Faire taire ses alertes. Si la situation ne s'améliore pas et que tu souffres toujours, retire-toi tranquillement, et excuse-toi auprès du responsable du groupe s'il essaie de te réintégrer par message privé. Dis-lui que « WhatsApp » affecte ton psychisme et tes performances. N'oublie pas que la «télécommande» est dans ta main. Un collègue t'épuise avec ses idées et ses suggestions, tu fais de ton mieux mais tu n'arrives pas à le supporter. Tu as fait allusion au sujet mais sans résultats. Cela affecte ta santé et ton humeur ! Tu n'as pas d'autre choix que de rester loin de lui. Invente-toi des occupations. Verrouille les portes, même les fenêtres. Il n'entrera pas chez toi avec tes portes verrouillées. Et n'oublie toujours pas, mon ami, que la « télécommande » est dans ta main. La solution dépend de toi.

Le succès ne te tombera pas dessus, tu devras subir beaucoup de transpirations et même d'insomnies pour l'atteindre...

Théorie des graines

J'ai rencontré il n'y a pas longtemps deux anciens camarades de classe, et dès que je les ai vus, cela m'a rappelé des souvenirs.

Ces deux camarades ont étudié avec moi au lycée. L'un d'eux a une apparence attirante et vient d'une famille aisée, tandis que l'autre a une allure ordinaire et vient d'une famille à revenu limité.

Le premier était au centre de toutes les attentions, entouré d'amis, chacun attendait avec impatience d'avoir l'occasion de monter dans sa luxueuse voiture ou d'être invité à visiter la ferme de son père, au sein de laquelle se trouve une piscine rivalisant avec les piscines des grands clubs et hôtels. Sans oublier le stade de football qui accueille des tournois du Ramadan et dont la popularité est comparable à certains matches de ligue professionnelle. L'autre jeune homme n'avait aucun intérêt, je ne me souviens pas qu'il ait eu des amis, ou alors très peu.

Le premier a eu du mal à terminer ses études universitaires et a été employé dans le secteur public avec un maigre salaire. La richesse de son père a considérablement diminué, ses ambitions se sont dissip**ées** ce qui s'est reflété sur son apparence et son comportement.

Quant au second, il a occupé une place importante à

l'université, non seulement au niveau académique, mais aussi au niveau du bénévolat et des activités, en plus d'avoir dirigé de nombreuses équipes et programmes. Dès l'obtention de son diplôme, les grandes entreprises se sont ruées vers lui en raison de son excellence académique et du réseau de relations qu'il a créées.

Actuellement, le second dirige l'une des entreprises privées les plus prometteuses, il est également membre de plusieurs conseils d'administration malgré son jeune âge. Il possède des revenus élevés et une ambition sans bornes, il est également investisseur dans de nombreux domaines.

Le succès actuel acquis par le jeune homme aux débuts modestes lui a conféré un éclat, un rayonnement et une attractivité qui attirent tout le monde.

Quand je l'ai vu en compagnie de notre collègue commun qui avait auparavant une apparence attrayante et qui est devenue maintenant terne, je me suis rappelé que le début d'une personne ne reflète pas sa fin et n'indique pas les caractéristiques de son avenir.

En un clin d'œil, Dieu nous fait passer d'un état à un autre. Nous ne devrions jamais mépriser personne, car les fleurs étaient autrefois des graines. Souviens-toi toujours de la théorie des graines avant de juger qui que ce soit.

Nous ne sommes pas responsables de nos débuts, mais notre présent et notre avenir - avec la grâce de Dieu - sont entre nos mains. Si tu n'es pas satisfait de ta situation actuelle, sache que le changement est entre tes mains et que tu en es capable, peu importe les circonstances. Le succès ne te tombera pas dessus, tu devras subir beaucoup de transpirations et même d'insomnies pour l'atteindre. Tu n'as pas choisi ton nom et les circonstances dans lesquelles tu as grandi, mais tu peux choisir ton avenir si tu te fixes un objectif, que tu insistes et que tu te bats pour l'atteindre, tu y arriveras, tu le réaliseras et nous t'applaudirons.

Gloire à Dieu, le succès et l'excellence d'une personne lui confèrent une aura distinctive qui la rend plus attirante et brillante, et lui donne beauté et charme.

Toi et moi avons encore beaucoup à réaliser, peu importe les circonstances et les obstacles. Nous jouirons, si Dieu le veut, de jours heureux qui nous souriront et nous satisferont.

Il faut rappeler à chacun son importance dans notre vie.

Personne ne lit dans nos pensées. Les paroles seules ne suffisent pas.

Les actions résonnent bien plus fort.

L'apathie de la nostalgie

Un ancien camarade de classe s'est battu pour obtenir la présidence du club des étudiants étrangers de l'université que nous fréquentions ensemble aux États-Unis. Il a organisé une campagne électorale massive, a recruté des dizaines d'étudiants afin d'atteindre la position souhaitée. Il travaillait jour et nuit avec des représentants de toutes les nationalités étrangères pour gagner leurs faveurs et obtenir leurs votes. Il a élaboré un programme d'action ambitieux qui a étonné tous les électeurs. Comme prévu, mon ami a largement gagné sur son rival le plus proche, et a atteint la présidence qu'il aspirait. Mais lorsqu'il est devenu président, il a ignoré toutes ses promesses, et le pire est qu'il n'a plus assisté aux réunions prévues entre lui et le reste des étudiants étrangers pour discuter de leurs problèmes. Pour couronner le tout, il ne répondait pas aux appels des élèves, ni même à ses « e-mails », et ne se rendait plus au bureau privé pour étudiants étrangers qu'il dirigeait. Un jour, un étudiant étranger a collé sur la porte de son bureau une feuille de papier sur laquelle il avait écrit : « Où sont tes promesses ? Ont-elles été dévorées par l'oubli comme tu as dévoré nos voix ? » Ses électeurs lui ont donné un délai deux mois, après lequel ils ont lancé une contre-campagne pour le renverser en s'appuyant sur les listes électorales. En effet, une semaine seulement après la campagne, il a été limogé en raison de son non-respect des responsabilités qui lui étaient confiées. C'est alors qu'il s'est battu de toutes ses forces pour revenir en tant que président, mais toutes ses tentatives ont été vaines. Je reviens à cette situation à chaque fois que je ressens une stabilité quelconque envers n'importe quel endroit ou n'importe quelle relation. Nous devons toujours sentir qu'acquérir un emploi, une épouse ou un ami ne signifie pas une union éternelle. Nous devons réaliser que toutes les belles choses pour lesquelles nous nous sommes battus peuvent nous échapper à tout moment si nous nous comportons mal avec elles. Il faut rappeler à chacun son importance dans notre vie. Personne ne lit dans nos pensées. Les paroles seules ne suffisent pas, et les actions résonnent bien plus fort. Rien n'est garanti de durer. Te souviens-tu de ton combat pour épouser cette femme ? De ta lutte pour obtenir cette opportunité ? Pour gagner cette amitié ? Rappelle-toi de ce fait tous les jours en serrant la main de ton épouse, en allant au travail et en communiquant avec ton ami. Nous avons perdu beaucoup d'êtres chers et d'opportunités à cause de l'apathie qui s'est emparée de nous après les avoir gagnés. Sois toujours enthousiaste de les voir. Recrée le scénario des premières rencontres entre vous. Tu auras du mal à le faire. Mais la difficulté même réside dans leur absence de ta vie à cause de ta négligence et de ton indifférence à leur égard.

Les blessures ne te vainquent pas, au contraire, chaque blessure te rendra plus fort et plus confiant...

Le fils du gardien de l'école

Saoud a étudié avec moi au collège, c'était un élève exceptionnel dans tous les domaines, à commencer par son écriture. En effet, tout ce qu'il écrivait devenait un poème en raison de la beauté de son écriture, sans parle de son éloquence et de son sérieux. Je lui prévoyais un avenir radieux, mais il s'est avéré meilleur que ce à quoi je m'attendais et que je pensais. Il est devenu un professionnel du droit unique, travaillant comme consultant pour de nombreuses grandes agences, possédant de nombreux projets commerciaux prospères ainsi que de grandes ambitions, et il ne compte pas s'arrêter là. Quand je l'ai rencontré, après une longue absence, je lui ai demandé quel était le mobile de cette soif de réussite que je lisais dans ses yeux. Sa réponse a été, à premier abord, traditionnelle pour moi lorsqu'il a dit : « Je veux rendre fier mon père. » Je lui ai répondu par une question : « Comment ? Explique-moi. » C'est alors qu'est venue la réponse à laquelle je ne m'attendais pas. Il a répondu que son père a travaillé comme gardien dans une école pendant plusieurs années et qu'il avait entendu dire que ses collègues se moquaient du travail de son père derrière son dos. Les pères de la plupart d'entre eux étaient des fonctionnaires, des titulaires de postes et des employés dans divers secteurs, tandis que son père était un simple ouvrier avec un maigre salaire. Saoud n'a jamais oublié quand son père est venu le chercher un jour à la place de son frère aîné et le regard que certains élèves lui jetaient. Saoud se souvient d'une question qu'un de ses camarades lui a posée en public alors qu'il s'apprêtait à monter en voiture avec son père : « Ma mère dit que ton père est le gardien de leur école, et qu'il habite une petite maison attenante à l'école. Comment toi et tes frères dormez-vous dans cette maison étroite ? Nous avons une maison de deux étages et nous sommes sur le point d'étouffer ? ». Saoud a évité de répondre à une question qui avait l'effet d'un coup de couteau, mais il ne l'a pas oubliée, la considérant comme l'un des motifs les plus importants qui ont fait de lui un homme couronné de succès. Il est naturel que certains mots nous blessent, nous ne devons pas les laisser nous abattre, mais plutôt nous inciter à faire plus d'efforts pour obtenir de plus grands succès. Nagib Mahfouz dit : « Je ne suis pas doué pour répondre aux mots blessants en rendant la pareille, parce que je ne sais pas nager dans la boue. » Les blessures ne te vainquent pas. Combien de concurrents et de boxeurs ont versé du sang et subi de la douleur, mais ont finalement été couronnés. La défaite vient de l'intérieur, lorsque tu abandonnes et perds espoir. Continue d'avancer, car chaque blessure augmentera ta force et ta confiance, et n'abandonne pas tes rêves, quoi qu›il soit dit et fait. Plus tu t'accroches à tes rêves, plus ils paraitront élégants et rayonnants. Fixe-toi comme objectif de rendre fiers deux personnes dans ta vie : ta mère et ton père. Si tu le fais, tu te verras traverser toutes les montagnes de défis, et tu t'élèveras beaucoup plus que tu ne le penses.

Commencez dès d'aujourd'hui, à répéter « Je t'aime » à vos mères et pères, jusqu'à ce que cela devienne une douce habitude qui tombe de votre bouche telle une douce pluie.

Je t'aime

Pendant mes études aux États-Unis ; J'avais l'habitude de rendre visite à mon ami qui vivait avec une famille américaine composée d'un couple dans la soixantaine. Et il est arrivé qu'une fois, alors que j'étais chez eux, la mère parlait au téléphone avec son fils qui étudie dans un État américain **éloigné**. Elle a débuté son appel par les mots « Je t'aime » et l'a terminé avec « Je t'aime ». Et je me souviens lors d'une autre visite que lorsque le mari était sur le point de quitter la maison pour acheter des marchandises, la femme lui a dit au revoir accompagné du mot je t'aime. Malgré tous les défis que connaît l'Occident sur le plan social, ils ont réussi à introduire le mot « je t'aime » dans leur vocabulaire, jusqu'à ce qu'il commence à sortir tout naturellement de leurs bouches, en particulier avec leurs parents, leurs enfants et leurs proches. Je ne vous cacherai pas que quand je suis rentré à la maison, j'ai essayé de répandre le mot je t'aime en rencontrant ma mère et en communiquant avec elle par téléphone, mais j›ai trouvé cela très difficile. J›avais l'impression d'extraire le mot de mes profondeurs, comme si j'arrachais un lourd bâtiment avec ma langue. Le mot sort si lourd, épuisé et usé que je doute qu'elle l'entende.

Nos langues, tout comme le reste de nos compétences, ont besoin d'un long entraînement afin de maîtriser le flux de ce mot de manière fluide et spontanée, sans obstacles ni défis.

Je réalise que ta mère et ton père savent à quel point tu les aimes, mais ils aiment surement te l'entendre dire de manière fraîche et directe. Ils attendent que tu répètes le mot « je t'aime » dont ils t'ont comblé quand tu étais enfant. Je doute que tu puisses le leur dire avec fluidité car le processus nécessite beaucoup de temps et d'efforts jusqu'à maitriser la diffusion de ces paroles pour remplir leurs cœurs de joie. Mais tu dois essayer et t'efforcer de l'introduire dans tes conversations avec eux. Essaie de le répéter à tes enfants, petits et grands, afin qu'ils puissent bien s'y familiariser, et qu'ils soient ceux qui en profitent le plus.

Nous avons grandi en répétant les paroles de Dieu : (*Et ton Seigneur a décrété : « N'adorez que Lui ; et (marquez) de la bonté envers les père et mère : si l'un d'eux ou tous deux doivent atteindre la vieillesse auprès de toi, alors ne leur dis point : « Fi ! » et ne les brusque pas, mais adresse-leur des paroles respectueuses).* Mais nous échouons souvent à l'incarner en paroles et en actes. Et la phrase « je t'aime », qui est petite dans sa structure et grande dans sa signification, est l'une des paroles les plus simples et les plus faciles que nous devrions offrir à nos parents.

Commencez dès aujourd'hui, à répéter « Je t'aime » à vos mères et pères, jusqu'à ce que cela devienne une agréable habitude qui tombe de votre bouche telle une douce pluie.

Vos mères ont vieilli sans que vous vous en rendiez compte. Vos proches sont partis sans que vous ne vous en aperceviez. Vous avez perdu de nombreuses opportunités et un temps précieux sans le savoir.

Je n'ai rien manqué

Pendant mes études de doctorat en Grande-Bretagne, j'ai dû boycotter les réseaux sociaux pendant environ quatre mois, sauf dans des limites très strictes. Ce n'était pas une option mais une nécessité. On m'avait fixé une date précise pour soumettre mes recherches, et tout retard pouvait me coûter ma vie universitaire à ce moment-là. J'ai donné mon appareil qui me permettait d'accéder à Internet à l'un de mes collègues étudiant dans une autre région du Royaume-Uni, et j'en ai acheté un autre sans accès à internet pour ne pas céder et abandonner facilement. Le premier jour, j'ai ressenti le même sentiment que j'avais l'habitude de voir dans les scènes d'acteurs toxicomanes : j'étais de mauvaise humeur, et une envie effrénée de surfer sur Internet grandissait en moi et m'entraînait avec elle. J'écrivais mes recherches sans concentration, pendant que je pensais à mon compte Twitter ou Instagram. Je pensais aux commentaires et aux messages que j'avais laissés derrière moi. Je pensais à ce qui se passais en mon absence dans le cybermonde. Je n'ai pas résisté longtemps. J'ai rompu la promesse que je m'étais faite. Je me suis déçu moi-même. J'ai ouvert Internet sur mon ordinateur portable, mais je me sentais coupable, tellement coupable. Comment n'ai-je pas pu résister au désir de l'Internet ? Comment allais-je faire mes recherches ? Devais-je retourner dans mon pays natal rongé par la déception parce que je n'ai pas pu résister à un tweet qui me tournait dans la tête, un commentaire à écrire ou un message privé à lire ? Après mon premier échec de boycott d'Internet, je me suis mis plus de barrières psychologiques devant moi jusqu'à ce que je termine mes recherches en paix. J'ai décidé de ne pas écrire à la maison ou dans un café, car si je le faisais, je me faufilerai sûrement dans les couloirs de Twitter. J'ai fait en sorte de déplacer mon travail jusqu'au milieu de la bibliothèque universitaire dans laquelle j'étudiais à Manchester pour que je n'ose pas surfer sur les sites sociaux sur Internet pendant que les étudiants devant et derrière moi, à ma gauche et à ma droite soient occupés à lire, écrire des recherches et travailler, pendant que je me promène sur Internet. Je me mépriserai moi-même si je me permettais de commettre le péché de surfer en ligne pendant cette période. Le plan a totalement fonctionné. J'allais à la bibliothèque à neuf heures du matin et je ne rentrais chez moi qu'à dix heures du soir, presque tous les jours. J'étais épuisé, incapable de faire autre chose que de dormir. Durant ces quatre mois, ma nourriture, ma prière et toute ma vie se déroulaient à l'université. J'ose dire que pendant cette période, j'ai accompli plus de choses que je n'ai accompli durant toute ma vie. Quand j'ai enfin soumis mes recherches, je suis retourné sur Internet et les réseaux sociaux pour rattraper ce que j'avais raté. Le fait choquant est que je n'avais rien raté. Nous nous disputons toujours et nous battons entre nous professionnellement. Essayez de vous en éloigner un peu, et vous découvrirez que vous n'avez rien manqué à l'intérieur, mais vous avez beaucoup manqué dans le monde extérieur. Vos mères ont vieilli sans que vous vous en rendiez compte. Vos proches sont partis sans que vous ne vous en aperceviez. Vous avez perdu de nombreuses opportunités et un temps précieux sans le savoir.

Un cadeau n'est pas qu'une simple boîte, si tu le jettes, tu déchireras le cœur de celui qui te l'a offert. Prends en bien soin.

Ouvre ton cadeau

Mon collègue a offert à sa petite sœur une mémoire flash sous la forme d'un bracelet qu'il a reçu de son travail, et il a été surpris par sa formidable réaction au cadeau malgré sa simplicité. Elle a sauté de joie jusqu'à toucher le plafond et l'a embrassé pendant un long moment, et plus beau encore que sa réaction spontanée, comme il l'a décrit, a été le fait qu'elle ait directement porté le bracelet. Elle l'a mis et lui a baisé le front en signe de gratitude. Mon collègue m'a dit : « J'ai pleuré de bonheur ». Mon Dieu, qu'il est beau d'ouvrir le cadeau, de le porter et de l'utiliser devant celui qui nous l'offre, cela lui confère un bonheur sans limites qui le fera pleurer de joie. Nous commettons une grave erreur envers ceux qui nous font des cadeaux quand nous ne les ouvrons pas devant eux, et la faute se multiplie quand nous ne les utilisons pas ou ne les portons pas de suite. Si tu peux le faire, fais-le. Quel que soit le cadeau, le simple fait que la personne ait pensé à toi et qu'elle ait pris la peine de te l'offrir est une initiative qui mérite d'être célébrée. Il t'a choisi parmi des millions. Toi en particulier. Le moins que tu puisses faire est de lui donner l'impression que tu l'aimes lorsque tu le portes ou l'utilises. Certains commettent un crime contre ceux qui leur offrent un cadeau à travers leur réaction face à ce geste. Laissez-moi vous transmettre un message que j'ai reçu d'une femme commentant ce sujet lorsque je l'ai évoqué sur « Snapchat » : « J'ai offert un stylo à mon mari après avoir passé un cours scientifique. J'ai été choqué quand je le lui ai présenté par l'expression de colère qui est apparue sur son visage. Il a froncé des sourcils, s'est irrité et m›a dit que la valeur du cadeau était exagérée et qu›il ne valait pas la grande somme d'argent que j'avais dépensée. Puis il m'a grondé et m'a dit que je gaspillais son argent. L'histoire s'est passé il y a 15 ans et j'en suis encore blessée aujourd'hui. Une autre raconte : « J'ai offert un cadeau à mon mari, il l'a jeté dans le tiroir pendant des années sans s'en servir ni me dire merci. Il l'a ignoré et a oublié les efforts que j'ai faits, l'argent que j'ai dépensé et mes sentiments que j'ai gaspillés ». Mes amis, ne sous-estimez pas vos réactions. Un cadeau n'est pas qu'une simple boîte, si tu le jettes, tu déchireras le cœur de celui qui te l'a offert. Prends en bien soin. Même si tu n'as pas aimé le cadeau, exprime ta joie de le recevoir, et si tu ne fais pas de bien à celui qui te l'a offert, au moins ne lui fais pas de mal.

Nous jugeons souvent mal… et nous pensons que le plat délicieux que nous avons goûté, la belle phrase que nous avons écoutée ou la coiffure élégante que nous avons vue ne demande pas beaucoup de temps ni d'efforts.

La robe de ma mère

Il y a environ deux ans, alors que j'emmenais ma mère au mariage de ma cousine, j'ai oublié de lui exprimer mon admiration pour sa robe dont le dessin et les couleurs m'avaient plus. J'étais triste de ne pas avoir révélé mes sentiments envers sa belle robe. Mais le lendemain, j'ai tenté de me racheter et d'apaiser mes remords par un bref SMS que j'ai envoyé sur son téléphone. Je lui ai dit : « Maman, hier j'ai oublié de te dire que ta robe était belle, tant par le design que les couleurs. Puisses-tu toujours briller comme un bijou. J'étais très content quand j'ai envoyé la lettre. J'avais l'impression d'avoir reçu une bonne nouvelle. Mais en fait, le vrai bonheur **était** encore à venir. Ma mère, Jawhara (Bijou), m'a comblé de plusieurs SMS en guise de **réponse**. Elle m'a beaucoup remercié pour le message, et le plus beau, c'est qu'elle m'a raconté avec plaisir l'histoire de cette robe : D'où avait-elle trouvé le tissu ? D'où venait son design ? Comment avait-elle négocié avec le tailleur pour le broder ? J›ai vécu avec elle le parcours de cette robe depuis qu›elle la graine jusqu'au fruit.

J'ai vraiment cru, après la réaction de ma mère à mon impression tardive, qu'il ne fallait pas sous-estimer l'impact de toute impression que je donnerai. Et de ne sous-estimer aucun acte, même s'il est minime, car peut-être qu'un énorme travail se cache derrière lui, et la preuve en est la robe de ma mère. Je pensais qu'elle l'avait trouvée lors d'une simple tournée d'achats habituelle, mais ce n'était pas le cas.

Nous jugeons souvent mal, et nous pensons que le plat délicieux que nous avons goûté, la belle phrase que nous avons écoutée ou la coiffure élégante que nous avons vue ne demande pas beaucoup de temps ni d'efforts. Au contraire, toutes ces choses ont besoin de quelqu'un pour les éveiller au plus profond de nos proches par des éloges et des compliments pour qu'elle s'›illuminent et brillent.

La chose la plus importante que j'ai apprise de la réaction de ma mère est de ne pas hésiter à montrer mon admiration pour ce qui m'entoure, même si je suis en retard. C'est très agréable d'exprimer directement nos impressions. Mais le plus beau est de s'en rappeler au bout d'un moment par un message ou une visite, celui qui les recevra éprouvera une grande joie, cela pourrait même dissiper les sentiments de tristesse sommeillant au fond de lui dans ces moment-là.

Nous éblouirons nos proches avec ces messages, mots et phrases, nous les rendrons heureux et les ferons vivre dans une atmosphère de joie dont ils ont besoin et dont nous avons besoin aussi.

Exprimer ton admiration au bout d'un moment pour des paroles improvisées par ton ami, une phrase écrite par ton camarade, ou une présentation que ton collègue a faite, lui fera sentir que ce qu'il a fait était grandiose, et si ce n'était pas le cas, il n'aurait pas été fixé dans ton esprit. Ton opinion le ravira et l'inspirera à faire quelque chose de plus ingénieux et de plus créatif.

Notre mémoire n'est peut-être pas apte à retenir tous les beaux détails, mais la mémoire de nos smartphones et ordinateurs le peut. Pourquoi n'écrivons-nous pas ce que nous aimons de ce que nous voyons dans un dossier spécial dédié à ce sujet, pour y jeter un coup d'œil de temps en temps, et avant de le fermer, envoyer ce que nous avons écrit à nos proches ou les appeler pour exprimant nos sentiments à propos de ce que nous avons constaté avec amour ?

Nous ne disposons pas de l'environnement inspirant et du climat époustouflant qui nous mènent au monde que nous voulons et auquel nous aspirons, mais nous oublions que nous sommes complices dans cet environnement aride et désertique, par notre réticence à l'enrichir d'expressions d'admiration et d'inspiration, ce qui ne nécessite pas plusieurs millions mais juste quelques sentiments et paroles.

Afin de se rendre compte de l'ampleur des manquements que nous commettons envers nos sociétés, souvenons-nous des belles phrases que nous avons lues, ou des belles images que nous avons vues, ou des projets prometteurs dont nous avons été témoins, et de nos réactions à leur égard. A travers un petit tour dans le passé, nous verrons l'étendue de notre négativité envers l'écrit et la prose. Nous nous rendrons compte de l'étendue de notre inaction envers ce qui nous plaît et nous rend heureux. Par contre, souvenez-vous de l'étendue de nos plaintes et de nos cris envers ce qui nous attriste et nous dérange. Nous découvrirons alors à quel point nous sommes cruels et impassibles.

Aucune société ne progressera si elle est austère dans ses sentiments et ses encouragements. Ce sont les sociétés développées qui transforment les mots en trains les transportant vers les **réalisations** et les miracles.